「"中国劳模"系列丛书

铁道货车的"巧裁缝"

刘志彬

杨轶智◎著

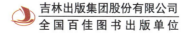

吉林出版集团股份有限公司

全国百佳图书出版单位

图书在版编目（CIP）数据

铁道货车的"巧裁缝"：刘志彬 / 杨轶智著.
长春：吉林出版集团股份有限公司, 2024.9. --（"
中国劳模"系列丛书 / 徐强主编). -- ISBN 978-7
-5731-5285-5

Ⅰ. K826.16
中国国家版本馆CIP数据核字第2024MN6048号

TIEDAO HUOCHE DE "QIAO CAIFENG"：LIU ZHIBIN

铁道货车的"巧裁缝"：刘志彬

出 版 人	于 强	
主　　编	徐 强	
著　　者	杨轶智	
组稿统筹	东北师范大学文学院创意写作研究中心	
责任编辑	冯 雪	
装帧设计	刘美丽	

出　　版	吉林出版集团股份有限公司
发　　行	吉林出版集团社科图书有限公司
地　　址	吉林省长春市南关区福祉大路5788号　邮编：130118
印　　刷	唐山富达印务有限公司
电　　话	0431-81629711（总编办）
抖 音 号	吉林出版集团社科图书有限公司　37009026326

开　　本	710 mm×1000 mm　1 / 16
印　　张	9
字　　数	90 千字
版　　次	2024 年 9 月第 1 版
印　　次	2024 年 9 月第 1 次印刷

书　　号	ISBN 978-7-5731-5285-5
定　　价	55.00 元

如有印装质量问题，请与市场营销中心联系调换。0431-81629729

序　言

　　劳动创造财富，劳动创造幸福，劳动创造未来。习近平总书记在2020年全国劳动模范和先进工作者表彰大会上的讲话中指出："全社会要崇尚劳动、见贤思齐，加大对劳动模范和先进工作者的宣传力度，讲好劳模故事、讲好劳动故事、讲好工匠故事，弘扬劳动最光荣、劳动最崇高、劳动最伟大、劳动最美丽的社会风尚。"当今世界，综合国力的竞争归根到底是科技人才和高素质劳动者的竞争。改革开放以来，我们强大的工人队伍用辛勤的劳动和拼搏奉献的精神推动中国制造、中国智造、中国创造走向世界的前列，新时代的中国面貌日新月异。大力弘扬劳模精神、劳动精神、工匠精神，加强高素质技能人才队伍建设，打造一支宏大的知识型、技能型、创新型劳动者队伍，是伟大时代赋予我们的历史责任。

　　劳动模范是民族的精英、人民的楷模，是共和国的功臣。自改革开放以来，广大职工勇立改革潮头，独立自主，奋发图强，勇于创新，其中涌现出一批批全国劳模和大国工匠。他们参与建设了代表中国高度、中国速度、中国深度的一系列重大工程，提升了国家实力，打造了"中国名片"，树立了"中国品牌"，增添了"中国力量"，充分释放出工人阶级的创新活力，展示出大国工匠的强大创造力。他们以工人阶级的满腔热忱在各自平凡的工作岗位上取得了辉煌的成绩，书写了新时代的壮丽篇章。

爱岗敬业、争创一流、艰苦奋斗、勇于创新、淡泊名利、甘于奉献的劳模精神，崇尚劳动、热爱劳动、辛勤劳动、诚实劳动的劳动精神和执着专注、精益求精、一丝不苟、追求卓越的工匠精神，是广大劳动群众在社会生产实践中锤炼形成的弥足珍贵的精神财富，是工人阶级伟大品格的具体体现，是民族精神和时代精神的生动诠释。民族复兴需要劳动模范，祖国强盛需要大国工匠，中国制造、中国智造、中国创造更需要大国工匠的强有力支撑。劳模、工匠等的成长故事、先进事迹中承载的劳模精神、劳动精神和工匠精神，是激励全国各族人民团结奋斗、勇往直前的强大精神力量。

"中国劳模"系列丛书，采用图文结合的方式，讲述全国劳模、大国工匠和先进工作者们的成长经历及他们追梦、筑梦、圆梦的故事，用他们在平凡岗位上创造不平凡业绩的真实故事感染读者，推动形成劳动最光荣、劳动最崇高、劳动最伟大、劳动最美丽的社会风尚，引导广大技术工人和青少年形成劳动光荣、技能宝贵、创造伟大的观念。

"匠心筑梦，强国有我。"新时代是一个万象更新、生机勃勃的时代，也是一个继往开来、创新创业和建功立业的大时代。希望广大读者能以劳动模范为榜样，以大国工匠为楷模，立志技能报国、技术强国，踔厉奋发，勇毅前行，锤炼思想品格，汲取劳动智慧，勇于担当、勤于钻研、甘于奉献，为推进新型工业化和乡村振兴，为加快建设制造强国、质量强国、航天强国、交通强国、网络强国、数字中国、农业强国，全面建设社会主义现代化国家贡献青春力量。

中华全国总工会副主席（兼）

中国航天科技集团有限公司第一研究院

211厂14车间高凤林班组组长

2022年11月

扫码解锁

◎群英颂歌◎焊就不凡
◎精艺传承◎奋斗底色

传主简介

　　刘志彬，1967年生，河北涿州人，现为中车石家庄车辆有限公司新制车间电焊工、特级技师、国际焊接技师、正高级工程师、国家职业技能鉴定高级考评员、高级培训师、国家级焊接裁判员、中国中车首席技能专家，享受国务院政府特殊津贴。

　　刘志彬是我国轨道交通装备制造业技能人才领军人物。多年来，刘志彬创造了50余项焊接新工艺、新技术；拥有35项国家发明和实用新型专利；100余项操作法和绝招绝技被编辑成书，并被纳入公司标准作业指导书；他撰写的45篇国家级专业论文中，有15篇获奖，创新成果有30多项。其中，他发明的不同焊接空间位置变化可连续焊接的方法，将气体保护焊焊机的功能运用到极致，生产效率提高了两倍；其主研的某型平车项目获国家级科技成果一等奖，助力中国高铁重载货车成为我们国家的金名片，为我国高铁制造事业作出重要贡献。

2000年，加入中国共产党。

2009年，成立刘志彬创新工作室，并被评为"国家级技能大师工作室"；被授予"全国工人先锋号"荣誉称号。

2013年，取得国际焊接技师资格。

2017年，被授予"中国中车首席技能专家"荣誉称号。

2018年，被授予"河北大工匠"荣誉称号。

2019年，享受国务院政府特殊津贴。

2020年，被评为"全国劳动模范"，担任石家庄市总工会兼职副主席。

2021年，取得高级工程师资格。

2023年，取得河北省正高级工程师资格。

"我体会到'兴趣是最好的老师'，我真正把飞溅的焊花、耀眼的熔池当作眼中最美的风景去欣赏，探究焊接熔池中每一个形状和变化对焊缝外观和内在金属性能产生的影响。"刘志彬决心将自己的一生奉献给热爱的焊接事业，也正是因为这份热爱与兴趣，使他不畏艰苦，不断开拓着焊接技术的边界。

目 录

第一章　少年的你

扫码解锁

◉群英颂歌◉焊就不凡
◉精艺传承◉奋斗底色

不能失去的一步棋

1967年1月30日，刘志彬出生在河北省石家庄市，童年时期的大部分时间，他都在爷爷奶奶身边度过。每天早晨天刚蒙蒙亮就被准备出门上班的父母叫醒，他迷迷糊糊地拉着母亲的手走上一段尘土飞扬的路，然后被交到爷爷奶奶手中，这个时候他才清醒一点儿，迎着朝阳目送母亲离开。

白日漫漫，年幼的刘志彬只能跟在爷爷身后打发时间。爷爷是个很有生活情趣的老头儿，他会拿上一个边缘被磨得乌黑发亮的小马扎，背着手，慢慢悠悠地踱步到一棵老树下。那里有一块平整光滑的大石头，上面放着一张缺了一角的棋盘，透过快要剥落的颜料依稀可见"楚河汉界"几个字。有时，爷爷会回头，对身后的刘志彬招招手说："快呀，快跟上呀。"

于是，刘志彬的童年与棋盘结了缘。

在旁边观看的时间长了，他渐渐明白了爷爷和叔叔伯伯们口中的"马走日，相走田，炮要隔山打"是什么意思。在脑子里替在场的所有人摆弄他们手中的棋子，是他那时每天最大的乐趣。

但他小小年纪已经深知观棋不语的道理，所以在对一步棋有自己看法的时候，他总是保持沉默。可是日久天长，刘志彬对于象棋的了解越来越深入，他总会想着如果自己来下这盘棋，该怎样排兵布阵，带着自己的将杀出重围。

他想到一个好办法，就是帮那些叔叔伯伯们摆好棋盘，然后求着他们教教自己。他们走一步棋，刘志彬就跟着他们学一步。这样一来，他既能下棋，又能在跟他人的对战中精进自己的棋艺。

渐渐地，刘志彬发现没有人愿意教他了，一是赢了刘志彬这样的小孩子不光彩，二是如果输给他更丢人，况且刘志彬的水平还处在初学阶段，同他对战也缺少趣味。

刘志彬不太服气，心想：谁不是从初学者开始的？他便更加潜心钻研棋艺，他想着如果自己能多吃对手几个棋子，或者走出别人意想不到的绝妙一步，他们对待自己就会认真起来。可是技艺的进步是需要日积月累的，这个道理，刘志彬在今后的人生中把它贯彻到底，但对于当时的他来说有些过于深奥了。

他在棋盘上走了"捷径"。

那些藏在衣袖下被刘志彬悄悄隐去的棋子成为他获胜的关键。炎炎夏日，刘志彬会穿上爷爷的工作服，宽大的衣袖就成为他的掩护。有人问他不热吗？刘志彬脸上因胜利泛起的红晕，就会和热气熏红的脸融合在一起，大声地告诉对方不热。

这时的他迫切地想要在棋盘上一展身手，时而偷走对方一个车或者一个马，时而多走两步。直到太阳落山，围在刘志彬身边的人越来越多，他的父母也跟着最后一缕阳光，来接刘志彬回家。

最后，刘志彬的父亲发现了问题，自己的儿子何时变成了象棋高手而他不知道，但是藏在袖子下偷偷作怪的手却被他看得一清二楚。他立即当着所有人的面，对自己的儿子说："下棋讲的是规矩，玩的是开心，靠偷棋耍赖，即使赢了也丢人。"

刘志彬就这样懵懵懂懂地被带回了家，他隐隐觉得有些丢人，但是回到家后，父亲却郑重地俯下身，对他说："如果你想学棋，爸爸可以教你，但是'捷径'是走不得的。"

这句话刘志彬记在了心间，在他今后几十年的工作生涯中，深刻地体会到了这句话的重要性，自己每走一次"捷径"，付出的都有可能是他人生命安全的代价，这是他无论如何也不能丢失的一步棋。

从"封火"开始

1974年，刘志彬刚上小学时，学校就已经是楼房了。那是一栋刚刚盖好的五层建筑，每一层是一个年级，被学生塞得满满当当的。

楼房里的新教室好虽好，可没有暖气，北方的冬天对于一群小学生来说是不可能单靠衣物保暖熬过去的。于是学校安排工人在讲台的旁边用砖砌一个炉子，这样每个教室就可以烧煤取暖了。

那个时候刘志彬正是班里的生活委员，冬天监督同学轮流生火取暖的任务就落到了他的肩上。

那是一个早上，刘志彬推开教室的门就被一阵黑烟熏得睁不开眼，在屋子里的几个同学正捂着嘴对付那个冒着黑烟的"罪魁祸首"。之后的一上午，同学们在教室里被冻得手指通红，手握着笔写字都很困难，刘志彬意识到不能让同学们的学习再受到这样的影响，这是他作为生活委员的责任。

这种煤炉不仅仅需要在早上生着火，更关键的是需要在晚上封火。所谓封火，就是把煤泥搅和均匀铺到炉子里，煤泥包含三分之一的泥土和三分之二的煤渣，之后还要在上面用火窜扎一个眼儿，这样火炉子里的煤就能一直燃烧到天明。第二天早上放上拔火筒，教室便会拥有被煤炉烘了一晚的温度。

前一天火封得好不好，关系到第二天全班同学一整日的冷暖。如果把火封灭，第二天就会是满教室的浓烟伴随一上午的寒冷。

放学后，刘志彬和值日的同学一起留下打扫卫生，他悄悄站到负责封火的同学背后，观察他们封火的方式，默默记下每一步操作，回家的路上在脑海里反复重演，因此没有注意到路，差点撞到家里的门框。

正在择菜的母亲看到刘志彬的样子，忍不住笑出了声，她问刘志彬在想什么，刘志彬开口就问母亲，家里的煤在哪里？

刘志彬看到家中煤炉里还没燃尽的蜂窝煤，心中明了，同学们用烧蜂窝煤的方式烧学校的煤炉肯定是行不通的。

怎样才能把学校的炉火烧得像家里的一样又热又好呢？刘志彬很苦恼。

细心的母亲大概猜测到了困扰刘志彬的事情，详细询问了刘志彬在学校里同学们是如何封火的，刘志彬马上就把刚刚在脑子里重演的画面复述给母亲。

母亲一下子明白了问题所在，她细细地给刘志彬讲解了一遍封火的要领。

刘志彬听得很认真，从书包里掏出一个笔记本，边听边认真做笔记。第二天放学，他在教室里留到了最后，看着煤炉里正在燃烧的煤泥，开始按照昨天母亲教他的要领进行操作。

他先看煤炉里的火燃烧得旺不旺，如果不旺，说明煤太少，需要先加一些大块的煤，把火烧旺一点儿。于是，刘志彬拣了几块大的煤扔进煤炉。

然后，他开始搅和煤泥，既不能太稀，太稀就会把火封灭，又不能太干，这样煤和泥土就不容易黏合在一起。刘志彬搅和完煤泥，小心翼翼地用火窜在上面扎一个眼儿，不大不小刚刚好。母亲告诉他，眼儿扎大了，火就会着得过大，扎小了就会合上。

做完这些，刘志彬才慢悠悠地走回家，那天晚上他做了一个好梦。

第二天上学，许多同学都敏锐地发现了火炉的不同，他们都围着刘志彬问他是怎么做到的。于是，他每天放学后留下来教当天封火的同学。

从封火开始，刘志彬就已经体会到钻研在做成事中的重要意义。

蜂窝煤里的数学题

如果问小学二年级的刘志彬最喜欢做的事情是什么，那么他的答案一定是解数学题。

刘志彬对数学产生兴趣是从换班主任开始的。二年级开始，刘志彬的班主任换成了数学王老师，整个班级被学数学的氛围环绕。课间、午休，王老师无处不在，数学也就无处不在。同学们下课去踢毽子时，王老师会笑眯眯地看着他们，问他们今天有谁没带毽子。有3个人举起手，王老师又问，那你们一共6个人，3个毽子该怎么分呢？同学们面面相觑。

有一个同学联想到上课学习的除法，于是举起手说，每人二分之一个毽子！

王老师笑着说："我可不是为了考你们课上学得怎么样，我是为了让你们玩得更好。"

随后，他又问这些同学，一个课间总共有几分钟？站在人群中的刘志彬说："10分钟！"

"那你们想想，每个人最多可以玩几分钟？"王老师问道。

这一问同学们可都犯了难，平时玩的时候没有思考过这些事情，都是玩到谁算谁的，有的人先抢到，可能玩一会儿10分钟就过去了，有的人可能一整个课间都玩不到。王老师这样一问，大家也都好奇起来，怎样才能使每个人玩的时间都足够多呢？王老师看着他们愁眉苦脸的样子笑了，问他们："我们前几天课上学的6除以3等于多少？"

大家齐声回答："等于2。"

王老师又问："那10除以2呢？"

刘志彬抢答："等于5！"

王老师说："对，你们每个人最多可以玩5分钟！"

大家喜笑颜开，每个人都可以玩上半个课间，谁听了都高兴，忙不迭地找一个课间去试了一下，把每个人玩毽子的时间严格控制在5分钟之内，果然大家都玩得很尽兴。

刘志彬高兴之余却忍不住想，原来数学可以使人这么快乐，自己一定要好好学数学。那个时候，刘志彬还不懂什么叫效率，但是已经充分明白效率给人带来的好处。

他开始认真请教王老师，上课下课都悉心钻研自己手中的数学题，他也想像王老师一样，让每个人都能从数学中得到公平。

渐渐地，课本上的题不能满足刘志彬了，他又缠着王老师给他多布置一些题来做。于是王老师把一辆板车拉到他面前，给了他一些钱，对他说，我们家下个月除每周六之外都要用煤，每天需要用4块，这周日你去把足够数量的煤拉到我家来。

刘志彬找了几个同学，把板车拉到他家附近的煤场。在去煤场的路上，刘志彬想，下个月一共有30天，每周六不需要烧煤，那么只有26天用煤，每天用4块，也就是说王老师家下个月需要用104块煤！

想到这里，刘志彬兴奋地跳下板车，直奔煤场，买了104块煤，召集同学拉到王老师家里。

王老师看着一个个黑泥鳅似的小娃娃，忍俊不禁，转身回到房间里拿毛巾，挨个把他们擦了一遍，然后端出一个香气四溢的大锅，里面是满满的牛肉面，孩子们一路拉车都有些饿了，闻到牛肉面的香气便不自觉地咽口水。

王老师给他们一人盛了一大碗，笑着看他们吃完，然后点了点刘志彬交给他的剩下的钱，对他说："你做得很好，我也要兑现我的承诺，今天大家一起留下来多练习几道数学题吧。"

之后的每个周末，刘志彬和几个同学基本是在王老师家度过的，他们的数学成绩也都名列前茅。

半导体科学家

1979年，刘志彬升入了初中。当时正是收音机的黄金时代，图像艺术还没有打开千家万户的大门，但是声音已经飘入街头巷尾。

一天，刘志彬走进图书馆，他急切地在找一本叫《少儿科技画报》的杂志，他的手中还拿着不知道从哪里淘来的几张复写纸和一支铅笔，他脚步匆匆，生怕晚一步画报就被人抢先借走了。凭着记忆，他穿梭在书架间。

找到了！他开心地抽出夹在一堆旧杂志中的《少儿科技画报》。

回到几天前，几颗脑袋凑在一起团团围住这本画报，每个人盯住这本书的一角，正满脸焦急地看着什么。

其中一颗小脑袋突然抬了起来，说："我想到了！"

想到办法的人正是刘志彬，他把身边的几颗脑袋拍起，大家都一脸茫然地看着他，刘志彬说："我们不用每个人记一个部件，我们可以用复写纸把这些都描下来！"

几颗愁眉不展的小脑袋一下子活跃起来，他们纷纷表示赞同。几天后，也就是现在，刘志彬拿着复写纸，又来到了这个地方。

他把复写纸小心地垫在书页的下面，又在复写纸下面放了一张白纸，然后拿铅笔沿着画报上的形状描摹。

刘志彬感觉自己的笔逐渐活了起来，好像能用自己的笔，建构出一台真正的收音机。是的，他要用从《少儿科技画报》上描出来的"工程图"，亲手做一台收音机。

刘志彬从需要用的零件，描到如何把零件组装成收音机的步骤，他感觉一台真正的收音机正在自己的笔下诞生！

但是将一片薄薄的纸变成一台真实存在的收音机的路又是漫长的，漫长到需要刘志彬一点点攒自己的压岁钱，才能在石家庄南大街马路边的地摊上买到一个价值两角钱的电容。

这里的地摊让刘志彬眼花缭乱，整条街都是卖电子元件的，刘志彬问离自己最近的一个摊主，能不能便宜点卖他一个电容。摊主看了他一眼，对他摆摆手，两毛一个，不退不换，你要是买100个我能给你便宜点，六元全拿走。老板说着，把一兜电容拿给刘志彬看。

刘志彬说："我也可以多买，只是不需要100个这么多，这样可以便宜一点儿吗？"

摊主上下打量他，然后说："那你先说买几个。"

刘志彬把那天一起跟他看画报的同学全叫来了，他把自己描的"工程图"给他们一人一份，然后每人拿一毛钱在摊主那里买了5个电容。

摊主问他们一群学生买电容干什么，刘志彬左手拿着电容，右手握着图纸，大声答道："我要做科学家！"

很快，在摊主的帮助下，刘志彬慢慢凑齐了图纸上所需要的八欧姆碳棒、二极管等零件，但是图纸上收音机漂亮流畅的外壳是刘志彬买不到的。他每天早上醒来都在想怎样把就差一个外壳的收音机组装完成。他站在板凳上，面对着洗手台，想要拿起自己的牙刷，却摸到一手滑腻腻的东西。刘志彬定睛一看，是一块肥皂！而自己的牙刷不知道什么时候掉到了肥皂盒的里侧，他刚想把牙刷取出来，却觉得肥皂盒的大小有些熟悉，这不正是一台小收音机的规格！

刘志彬把自己的想法分享给了跟他有同样苦恼的同学，他们一致认为，用肥皂盒充当收音机外壳是一个好主意。

于是刘志彬邀请同学放学一起回家，把肥皂盒拼装到自己即将成型的收音机上。

几颗小脑袋再一次凑到一起，他们迫不及待地催促刘志彬打开开关，听着收音机里断断续续传来：我国独立自主研发的第一架大型远程喷射客机运–10首次在上海大场机场试飞成功。是的，刘志彬他们也成功了。

迎风奔跑

"风贴脸而行，是那个时候最鲜明的记忆。"

中学生，成年人的身量，少年的心智，最适合做的事是什么？刘志彬苦思冥想，最后在体育场上找到了答案。

最开始是跳远，沙子在刘志彬面前扬起一个弧度，很美。然后是100米、200米、400米……最后到各种接力比赛。刘志彬站在各种各样的领奖台上，他爱上了这种感觉。

于是，他的中学时代多了风的陪伴。

当时的体育老师是一名退役运动员，他告诉刘志彬，要想跑得更快，就要每天早上跑3000米，并且每跑50米就要练习一个50米加速跑。

刘志彬听后若有所思，体育场不是随时都能进的，那他该怎样才能确定自己跑过的路是50米呢？

走在回家的路上，刘志彬思考得出了神，一脚踩空跌落到街边的一个坑里。好在坑不算大，刘志彬个子又高，很快爬了上来，就是蹭了一身的土，十分狼狈。

有个工人看到了刘志彬，顺便拉了他一把，说道："你可小心点儿，前面再走50米还有一个大坑。"

刘志彬敏感地捕捉到了关键词，他问："50米？"

工人答道："对，这条街正在每50米立一根电线杆，你再往前走，会有接二连三的大坑。"

刘志彬忙握住他的手，兴奋地说："50米！太好了！"

随后，他一路走一路查，从家到学校，刚刚好20个电线杆，正好他每天早上从家出发跑一个来回再到学校。

刘志彬说做就做，他把家里的马蹄表闹铃设成早上五点半。

第二天早上五点半，刘志彬站在家门口，冷风打在他的脸上，不算轻柔，仿佛在跟刘志彬说，要想一直站在领奖台上，就要承受它的磨炼。

刘志彬在心里暗暗对它下了战书，跑了起来。他跑得越快，风就越发锋利地吹过他的脸，脸很痛，但是身体里的血液却沸腾起来，推着刘志彬更努力地与风抗衡。

当刘志彬再次站到自己家的门口时，汗水从他发间缓缓流下，轻柔地舔舐着风给他留下的疼痛。他已经是一个可以与风抗衡的人了！

克服了风的阻碍，刘志彬早上越跑越快，从冬天跑到了春天，从燕子回巢跑到黄叶坠地，他把自己的中学时代，跑成了一股风。

在路上

1982年夏天，刘志彬初中毕业。他收拾好行装，出发前往北京，再从北京中转去山西大同，他将在那里度过三年的技校生涯。

15岁的刘志彬坐在从石家庄开往北京的火车上，兴奋地观察着这个世界。绿色的火车皮，焦黑浑圆的车轮，开门时会发出吱一声的厕所，都是他探索的对象。这样一个由钢板制成的铁皮车在当时的刘志彬眼里是多么伟大、神奇，它能承载成千上万的乘客，能负担千里远的路途，一直向前，永不停歇，把来来往往的人们联系在一起，是真正的大地上的桥梁。刘志彬不知道的是，自己的命运从这一刻起已经和这样的"桥梁"紧密地连接在一起。

车上人头攒动，天南海北的人都有，各种各样模糊陌生的语言涌入刘志彬的耳朵，他仔细地分辨着，试图猜出这些人的眉头微蹙，或是目光炯炯代表着什么。来来往往的人随着摇摇晃晃的车身把刘志彬撞得东倒西歪，他不得不紧紧拽住自己的行李才能勉强不摔倒。

到达北京站时，刘志彬已经没有刚开始那么兴奋，他挤在售票窗口问售票员要一张去山西大同的票，售票员头也不抬地说："车次有7：45和9：55的，你要买哪一趟？"

刘志彬看着已经逐渐沉下的落日，心想还是越早到越好，于是买了晚上7：45发车的票。

售票员边出票边操着一口地道的北京话说了一句："终点站是包头，到大同站记得下车，不然还需要补票。"

售票员说得很快，但刘志彬听清了，他扒着售票处小小的窗口问："包头？我要去的是大同呀！"

售票员这才抬起头，看到刘志彬小小年纪自己坐车买票，于是她给刘志彬换了张晚上9：55发车，第二天早上7：00到大同的直达票。她说："你坐这趟火车吧，坐到终点站下车就可以了。"

刘志彬就这样上了去往大同的火车，开始的兴奋劲儿已消失殆尽，只剩下想随便找一个地方睡上一觉的念头，可是火车上的人太多了，没有人会给小小的刘志彬让出一个座位，他只能坐在自己的行李上，靠在卫生间的门板上熬过一宿。火车晃晃悠悠，刘志彬感觉自己被悠进一个不算甜蜜的梦里。

他再次醒来，看到阳光尝试从连绵的青山后探出头，把车内照出一片金光，火车的车头和车尾都响起一阵铃声，刘志彬知道，他到了！

下车后，他颇有些不舍地抚摸了一下这节车厢的钢铁外衣，是它送自己来到这里，他想：他们还会再见面的。刘志彬拿出自己的录取通知书，上面赫然写着：铁道部大同机车厂技校。

刘志彬与火车的缘分，就此开始。

半根焊条

刘志彬在技校学习的三年过得很舒坦，学业上的压力几乎为零，只要考试前三天熬上三个通宵，各门功课的成绩就都是80分以上。业余时间，他总约着技校里来自五湖四海的同学，去打球、跑步。

刘志彬在技校学的是"铆焊"，铆焊其实是两个专业或者说两个工种，原来叫铆工和焊工。简单说，铆工是冷作工艺，包括将钢板展开下料、压型、钻孔等工序，并且将各个零件或部件装在一起。而焊工是热加工工艺，需要将两个或两个以上零件或部件通过焊接连接在一起，并且要达到一定的强度才能保证安全质量。在工作中，两个工种经常组合在一起进行操作，因此为了适应产品制作对人员的需求就有了铆焊专业。铆焊工要有一定的专业知识作支撑，对动手能力要求非常高，所以想要学会铆焊，熟练掌握铆焊的操作技术就格外重要。

那时教电焊的是一位姓马的老师，马上就要退休了，他常常站在讲台上跟同学们说："你们是我带的最后一届学生，我好好教，你们好好学。"

马老师不愧是经验值拉满的老师傅，刘志彬觉得他格外厉害，焊缝漂亮不说，左右手焊接都能成型。焊条在马老师手里格外听话，形成的铁水刚好填满焊缝，取出覆盖在焊缝上的药皮，露出来的焊缝光滑又漂亮。

刘志彬很想知道马老师是如何做到的，他好像已经和这些金属融为一体了，他的手所到之处，这些金属就会变成马老师想要的模样。刘志彬想到女娲捏泥造人的传说，他想，马老师"捏制"金属的能力也不相上下。

焊接实做课每次只给学生们发五根焊条，这在刘志彬眼里是远远不够的。他想达到马老师的水平，只靠这每节课上的五根焊条，猴年马月才能实现啊！

他只能每次只用半根焊条，焊两下就停下来，敲掉药皮，看看自己手下的铁水有没有好好地凝固在焊缝里，看焊缝是否平整光洁，像他记忆里马老师的焊缝那样。他就这样半根焊条半根焊条地试，试来了马老师。

马老师在巡视学员表现时看到刘志彬焊一会儿停一下，以为他在偷懒，得知原委后，就拿着自己的焊枪和半根焊条到刘志彬的工位来，马老师把半根焊条展示给刘志彬并说道："你看好了。"然后戴上面罩，开始操作。

火花在马老师面前四散开来，刘志彬紧紧地盯着马老师的一举一动，一点儿也不敢走神儿。这半根焊条还是一样化成了铁水，但是永远都留在了刘志彬心里，封存在他今后生命里的每一道焊缝中。

有了马老师的指导，刘志彬的焊接技术突飞猛进，他还是那样焊半根，就停一下，但是刘志彬渐渐发现，自己敲掉药皮后的焊缝变得越发光洁、整齐，看不出这条缝原来的模样，铁水完完整整地封在里面，没有气孔和夹渣。刘志彬停了下来，他仔仔细细按照课上教的焊缝外观质量标准再次检查这条焊缝，发现完美无缺。

得出这个结论的刘志彬欣喜若狂，他迫不及待地向马老师展示自己的成果，但马老师只是对他笑笑，从怀里掏出半根焊条。

马老师说："为你准备很久了，现在，你去焊给所有人看！"

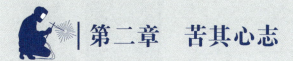

第二章　苦其心志

扫码解锁

◉群英颂歌◉焊就不凡
◉精艺传承◉奋斗底色

《正太风暴》

1985年，刘志彬从铁道部大同机车厂技工学校毕业来到铁道部石家庄车辆工厂的第一件事，就是参加庆祝工厂成立80周年历史歌舞剧《正太风暴》的排练演出。

刘志彬其实是有些兴奋的，一是不用一上班就工作，二是因为一张照片。

这张黑白照片，一直在刘志彬的童年记忆里，那是刘志彬曾祖父参加正太铁路二七大罢工时同工人的合影。

刘志彬从小就听祖母和曾祖母讲曾祖父和工友们的故事。二七大罢工时，刘志彬的曾祖父正是正太铁路的一名工人。那时候，他经常出去跟工友们参加一些聚会，回来却只字不提聚会的内容，后来曾祖母才知道，曾祖父是出去跟人家一起闹罢工，从资本家那里为工人争取利益。

这次参加歌舞剧《正太风暴》的表演，刘志彬又想起了小时候听过的故事，不自觉地就想在活动中了解更多。

1905年，铁道部石家庄车辆工厂成立，当时叫正太铁路石家庄总机厂，是石家庄近代城市发展历史上的第一家工业企业，见证了石家庄从农村发展成为华北平原上一座新兴工业城市的全过程。在这里诞生了石家庄市的第一名党员、第一个党小组、第一个党支部、第一任石家庄市委书记、第一个工会组织、第一个共青团组织，是石家庄的红色革命历史原点。

在这样的背景下，石家庄车辆厂先后爆发了正太铁路大罢工、同情二七大罢工、支持五卅运动大罢工。同时，在抗日战争、解放战争、抗美援朝战争中做出过卓越贡献，刘志彬的三爷爷就曾参加过抗美援朝战争，当时作为火车司机给朝鲜送物资。

历时五个月的排练演出，给刘志彬留下了深刻的印象，他好像搞清楚了自己的来路，领悟了那段历史，今后，他也会更好地出发，在同一片土地上，开启自己的故事。

与火花的缘起

当时从技校毕业的刘志彬心里只有一个念头——回到家乡石家庄，进大企业工作。后来在被工厂人事科分配到利材车间做电焊工时，他其实是有点儿紧张的。

配一班，那可是负责生产焊接副风缸、降压室、制动拉杆链等关键钢结构部件的班组，关系到铁路货车的行车制动安全。而且薄板焊接产品比较多，非常考验焊工的基本功，技术一般的焊工根本焊不了。

刘志彬面对这样的情况也在心里问自己：我可以吗？如果抱着留在大企业、不让自己失业的心态能做好这一切吗？

初到配一班上班，刘志彬握着焊枪的手第一次抖了起来，他突然无比清醒地认识到自己在做什么：他手里握着的不只是一把焊枪，更是铁路工作人员的生命安全、国家人民的财产安全。安全与不安全，全在他手中的焊枪不抖与抖之间。

想到这里，刘志彬突然冷静下来了。他想起技校的马老师，那个好似把自己熔入钢铁中的老师傅。刘志彬想，我现在就要变成一块钢板，或是一个零部件，把自己变成这辆车的一部分，用自己的双手和技术，熔铸起这些在大地上奔跑的"桥梁"。

他穿起防护服，戴上安全帽，再套上电焊罩，开启第一天在配一班的工作，也开启了今后数年与火花的缘分。

不知不觉，刘志彬从春焊到秋，从树荫蔽日焊到冰封湖面。夏天，在操作二氧化碳气体保护焊焊接时，他为了保护焊接熔池，不开电风扇。但防护服很厚，再戴上安全帽和电焊罩，他还没开始干活就出了一身汗。手脚上的汗处理不好还会导致手套和工作鞋绝缘不好而触电。冬天，他不能穿得太厚，中午也不能吃得太饱，否则蹲不下，这会影响焊接时的稳定性。焊接时，身体前边受热烤着，后背露着腰冻着，他体会着冰火两重天的感觉。长时间保持一个姿势久了，他经常腰酸腿疼，而且稍不注意就会被烫伤：脸上的皮肤经常被弧光伤害，一层一层地脱皮。弧光还会伤害眼睛，被晃过的眼睛又肿又痛，甚至会有一两天就像盲人一样。

这样艰苦的工作条件，使和刘志彬一同从技校毕业、一同来到铁道部石家庄车辆工厂工作的很多同学都支撑不下去了，从开始的15个人到最后只剩下3个人，刘志彬就是这3个人之一。

刘志彬在与火花、金属日复一日的互动中，逐渐接受了自己手中握着的责任，锻造了专业技能，树立了自己的人生目标。

刘志彬有时候拿着一件满是窟窿眼儿的衣服，阳光从这些孔洞中露出来，像是四散的火花。衣服上这些干活儿时被火星烧出来的大大小小的孔洞，每一个都是他在火花中受到的淬炼。偶尔机油溅到衣服上，他只能先用火碱泡才能洗干净，但是泡得久了衣服就会变得越来越白。

刘志彬看着发白的衣服想，这样挺好，简单。一如他与火花为伴的生活，简单直白，目标明确。

都能焊，都能焊

1986年，因为工厂确定"鸟形规划"，很多社会上的民用钢结构产品送到刘志彬的车间。

厂里中午的告示板前人头攒动，刘志彬拿着饭盒刚从食堂走出来就被人流冲得一个趔趄，他急忙拉住面前一个行色匆匆的工友问："前面怎么这么多人？"

工友说："你还不知道吧，咱们工厂要响应政策施行'鸟型规划'了。"

所谓"鸟型规划"，就是以思想政治工作为头、以车辆修理为身、以制冷机和电子秤为两翼、以多种经营项目为鸟尾的发展规划。

二十出头的刘志彬看着工厂告示板上关于"鸟型规划"的说明，心想，既然自己能做得了"鸟身"，又怎么做不了"鸟尾"呢？于是，他接下了车间里面一些钢结构产品的任务，像农产品收割机、家用防盗门、铁制长梯等各类型承制产品。

车间主任看着高兴，连拍了几下刘志彬的肩膀说："小刘啊，你这是在给咱们车间创造业绩啊！这些都能焊吗？"车间主任指着摆在刘志彬面前的各种社会钢结构产品。

刘志彬运用自己在技校学习的知识及几年的工作经验，觉得在理论上这些钢结构产品和自己熟悉的焊接产品差不多，就随口答道："都能焊，都能焊。"

可真到上手操作的时候，刘志彬才发现不是这么一回事，社会上民用的钢结构产品的生产任务和自己平时接触的铁路货车、车辆维修等任务有着本质的差别，不仅是在材料上的不同，更是在质量要求和外观要求上有着千差万别。

眼下他在修磨焊缝的防盗门就是个典型的例子，防盗门对于外观的要求格外高，强调焊缝精美细腻，它和刘志彬平时修理的那些要求焊缝强度的产品不同，这些要求上的差别使刘志彬有劲儿无处使，在满地的废材料面前竟有些手足无措。

眼看着工期快到了，刘志彬一狠心，拿起地上的废料，开始从头学起，像对待"鸟身"的产品一样，研究这些产品的材料如何达到性能的要求，在同样的材料上练习自己的焊接技艺。

傍晚回到宿舍，工友们"三缺一"，喊刘志彬来打牌。刘志彬看着在工友们手里被打散后又被顺滑铺开的扑克牌，便想起自己在车间里还没完成的产品，他的焊枪什么时候能像工友手中的扑克牌一样流畅顺滑呢？于是他坚定地拒绝道："算了，你们玩吧。"

聘 书

按国家规定的
技师任职条件，经
考核合格，特发此
证.

编 号 012
姓 名 刘志彬
工 种 电焊青年技师
出生年月 1967.1
发证机关 铁道部石家庄车辆工厂

一九九一年十一月二十日

⊙ 1991年11月，刘志彬取得青年技师聘书

他走出宿舍门，走进车间焊接工位，穿好防护服，又戴上自己的面罩，在月光下，开始切割焊接试板的坡口，孤独地进行焊接试板练习。

夜里，月光和火花成为最闪亮的存在。

在这段时间，刘志彬接触到各种各样的材料，也为此自学了多种焊接手法，这为他日后成为焊接技术方面的通才打开了一扇大门。

我能当班长吗

1991年，24岁的刘志彬一鼓作气通过了公司电焊工技能考试，理论、实操成绩均名列前茅，并被聘为电焊青年技师。与此同时，他面前还有一个意想不到的机会。

配一班的老班长马上就要退休了，车间书记是个细心的人，他正在物色一个可以接替老班长承担起车间最重要的班组责任的人，这个人会是谁呢？

首先，这个人的铆工技术和焊接技术都要好，否则难以镇住卧虎藏龙的配一班；其次，人也得积极，不能抽一鞭子拉一下磨；最后，也是最重要的一点，人缘要好，要能做到有事的时候一呼百应，这样工作才好开展。

书记在车间转了一圈，看到正在调试焊枪的刘志彬，一下子心里就有底了，他把刘志彬叫到办公室，直接就问刘志彬："想不想当班长？"

刘志彬一下愣住了，他没想过自己也可以当班长，他只是一个电焊工。他所在的班组有铆工、电焊工、冲床工、氧气工、钻床工，工种较多，尤其是铆工对技能要求高，之前几十年的惯例都是铆工当班长，并且要懂工艺，会电焊，会换冲床磨具、氧气切割焊接、钻头的磨削，否则无法指挥、协调生产。车间从来没有电焊工当班长的先例。

书记这时抛出的橄榄枝对他来说可是一项殊荣，这种被认可的兴奋感一下子冲上刘志彬的大脑，他觉得头皮有些发麻，但是一丝淡淡的忧虑又涌上他的心头。那时候的班长每个月有5块钱津贴，奖金是按工时拿，2个小时管理工时，剩下的工时也要自己干活儿挣，凡是苦、脏、累的活儿都要冲在前面，还要协调生产，分工不均或者工资分配不好，班组内就会天天吵架，非常麻烦。

想到这些，刘志彬刚升起的兴奋又被压制住了，他想，这不是头脑一热就可以做好的事，这既是认可，也是责任，他要是应下，就得做到最好。

他站在书记面前，想了又想，还是回答道："我还小，技能

⊙ 刘志彬练习时的场景

也不全面，过几年再说吧！"

这回轮到书记一愣，他没有想到刘志彬会谢绝自己的提议，有些出乎意料。

书记下班去菜市场，看着活蹦乱跳的鲜鱼，指着桶里的最后一条，刚想说就它了，另一个声音却在耳边响起："把这条鱼给我装起来。"书记一回头，看到正是刘志彬的母亲。

他赶忙拦住刘志彬的母亲说："这条鱼我都让给您了，您儿子这条大鱼您可得给我留住喽。"两人寒暄过后，刘志彬母亲才知道儿子厂里发生的事情。

当天晚餐时，刘志彬面前摆着一大碗鱼肉，母亲看着他满脸疑惑，笑着问出了让他心惊胆战的话："为什么不当班长？"

刘志彬有些苦恼，只好和盘托出自己的想法："我们班对工人的技能要求高，什么工种都要懂，苦脏累活儿干在前面，干不好还要挨骂，我不想干，现在干完活儿多自由，什么都不用操心，也不比班长挣得少。"

母亲听完也不恼，只是跟刘志彬说："年轻人不要光看眼前，眼光要放远一点儿，当班长是个锻炼的机会，不干你怎么知道不行？要求上进，以后才有出息，你当班长要学会有担当，要有正气，处事公平，只要真诚待人，为大家服务好，即便干不好，大家也会担待你的。"母亲的语气淡淡的，好像在说一件稀松平常的事。

晚上刘志彬躺在床上，窗外透进来的月光，照亮了刘志彬房间里的一角，那里放了一堆小小的焊条，是刘志彬自己买来在家里练习用的。他想，他的生活里应该也要有些电焊以外的东西了。

第二天一早，刘志彬就去找书记，他说："我想试试，干得不行，您就撤了我。"

就这样，刘志彬开创了这个班电焊工当班长的先例。

家和万事兴

刘志彬与妻子结婚后，1992年3月30日，这个小家迎来了一个新生命——儿子出生了。第一次看到儿子时，他躺在医院的保温箱里，粉嫩嫩的一团，被护士用蓝色的被单包住。

刘志彬的世界变得柔软起来，他常年和钢铁打交道的手现在需要抱起这个刚刚出生的小婴儿，他的每一个动作都特别小心，像在触碰一团有温度的棉花糖。

刘志彬的妻子却调侃起他，不知道平时的冲劲儿都去哪儿了，不用这么小心翼翼的。

妻子是个爽利人，单名一个"军"字，脾气性格也有点儿风

⊙ 2005年，刘志彬一家三口旅游合影

风火火、雷厉风行，怀孕7个月的时候还在跑银行业务。

刘志彬和妻子的故事很简单，他们从小学到中学都是同班同学。工作之后，刘志彬在车辆厂做焊接技师，张军在客运公司做财务工作。两人可谓青梅竹马，婚事顺理成章。

5月，刘志彬接到车间主任的电话，工厂现在需要人去沈阳学习压力容器的焊接方法，拿到相应资质，否则工厂就不能生产铁路货车的副风缸等压力容器部件产品。

他在家里抱着小小的儿子，心里却一直想着这事。车间主任说："我也是过来人，我能理解你的心情，不去也没事，家里确实离不开嘛。不过，小刘啊，你最好还是去，毕竟你的技术水平大家有目共睹，建议你回家最好还是跟父母、爱人商量一下，要是拿不到焊接资质，单位就不能生产了，其他人去，他们技术水平不高，考不过就麻烦了。"这些话就盘桓在刘志彬心头，直到怀里的儿子哭了起来。

张军看他心不在焉，就自己抱过儿子来喂奶，她拍着儿子的背，假装不经意地问起刘志彬："单位有什么事吗？"

刘志彬叹了一口气，把主任的话转述给了妻子。张军听完突然笑了，她说："去吧！单位重视你、需要你，你就去吧！家里的事你就放心。"末了，她还不忘补充一句："你太小看我了，家里这点儿事我都搞不定？"

刘志彬当然知道其中的难处，但是他只能咬牙坚持，在压力

⊙ 1992年，刘志彬在沈阳参加焊接压力容器培训

容器焊接操作资质考试中取得一个好成绩，才能不辜负所有人的付出。

刘志彬在沈阳起早贪黑，抓紧时间学习理论，只要有时间和材料就开始实操练习。他知道，越快考出一个好成绩，就可以越快回家帮妻子照看儿子。虽压力巨大，但他的理论和实操分数依旧是一批人中最高的，不少人都慕名来请教他，但刘志彬那时候满脑子想的都是要快点儿回家。他心里慌慌的，总觉得有什么事情发生，他想也许是心存愧疚的缘故。

等到他踏进家门，却发现家里空无一人，问了隔壁的大爷才知道，孩子生了病，这两天妻子和母亲天天抱着孩子往医院跑。刘志彬心头一紧，赶忙下楼要往医院去，结果在楼梯口碰到了抱着孩子的母亲和妻子，张军笑他："你跑什么？"

他擦擦一头的汗，看着安静地睡在母亲怀里的儿子，突然笑了，一家人都在楼道里笑了起来。

两条腿走路

技校毕业的刘志彬深知，高水平的操作技能和深厚的专业知识才是一个技师的立身之本。很多时候，只要有一双可以化腐朽为神奇的巧手，这个技师就能给企业的生产发展注入绵绵不绝的生命力。

但是时代在不断进步，技师们接触的工装、工艺和机器也都在变化发展，这个时候只有动手能力好像已经不能满足日常生产的需要。刘志彬与工程技术人员就技艺的问题进行交流时，经常好似鸡同鸭讲，导致工作推进异常困难。

而他自己在钻研技能的道路上也发现，如果只知道这样干，不知道为什么这样干，比如为什么短弧焊焊接热量小，焊接变形为什么控制不好，有什么样的规律等，就会在技能提升过程中消耗大量的时间反复试错。有时一不小心，思维就会陷入死胡同，提升的速度非常慢。

而且技艺是需要慢慢积累经验、一代代传承的，专业术语就是专业沟通的语言，想要传授经验、讲好课，就要做到有话可说、有据可依，这时对于专业知识的学习就显得尤为重要。

作为技师，不仅技能要过硬，专业知识也不能落下，只有用两条腿走路，才能长长久久。

想明白这些，刘志彬闲暇时就开始恶补理论知识，他先后自学了《焊接手册（1—3卷）》《工程力学》《钢结构焊接变形与分析》《焊接工装与技巧》等专业书籍。他边学习边实践，将理论与实践结合起来，很多曾经在实践中的技巧都在理论学习的过程中得到了解释。如今一个复杂的钢结构件摆放在面前，刘志彬对它无所不知、无所不晓。

正是那段时间对于理论知识的学习，打开了刘志彬从技能型员工转向知识型员工的大门，为后来刘志彬进一步成为创新型员工奠定了良好的基础。

与火花的对话

央视《大国工匠》节目里有一期讲的是焊接工人中的大师，标题是《大术无极》。

大道之脉络是术之范式。

在刘志彬心里，术，就是指他的技术，是他的大道。他觉得这个名字取得好，对大道的追求，自然是无极限的，而越深入越潜心地进入焊接的大道中，他就越能感受到在火花中腾起的第二个生命，他可以与之对话。

与火花的对话是刘志彬在经年累月与之打交道中悟出来的。他与火花就像一对相交多年的"好友"，火花的每一次飞溅，每一次变换自己的形态，都能在刘志彬那里得到相应的回答。

比如，他听焊接时爆裂的声音，看飞溅颗粒的大小，看熔池是椭圆还是正圆的形状，就可以知道焊接规范参数是否达到标准，焊接手法是否正确，焊缝成形后是什么样的。

这些都是刘志彬的"好友"给他的暗号，他们对彼此足够了解，足以让这种友谊化入刘志彬的大道中去。

与之相对应的，是刘志彬与焊接的交流。任何一个好的焊接技师都应该相信，每一道焊缝都是有生命的。

它们的生命是被焊接技师赋予的，是焊接技师在世界上留下的余波。

它们是否平整，是否严密，是否坚韧，取决于焊接技师当时的状态、心情以及自身对工艺的追求。

刘志彬擅长正手焊接、反手焊接以及左手焊接，甚至左右手倒手焊接等各种各样的操作，又可以保证几十米焊缝没有接头，有着光洁完美的外表。

这是刘志彬留在钢铁上属于自己的印记，诞生于他之手的生命，是《大术无极》中所追求的那一个极点。他总是想着，可否把这样的生命送到更远更重要的位置上去，于是他把焊接产品当成了自己雕琢的工艺品，每次焊接完成以后，就反复琢磨，能不能焊得更好。

给我三天时间

刘志彬所在车间承揽了合资企业——国祥公司的铁路空调产品。

刘志彬在午休时听到自己班组的成员提起这事，他当作一个笑话，听过之后就继续做自己的事。

之所以觉得是笑话，是因为刘志彬知道，国祥公司对空调产品质量的要求特别高，全部都要达到国际焊接标准。

而国祥公司的空调产品所要求使用的氩弧焊，无论自己所在的车间，还是全厂的车间，能完成的人屈指可数，在这样的条件下承接这个项目，可不就是一个笑话。

想到这里，刘志彬自顾自扒拉着碗里的米饭，摇了摇头。

直到车间主任找到刘志彬。

他说，你在咱们车间技术水平最高，你来学一下氩弧焊吧。

刘志彬这下有些摸不着头脑，他有些焦急地对主任说："据我所知，国祥公司的氩弧焊人员都是从德国学习回来的，这让我怎么学？"

主任好像早就料到了刘志彬会有这样的反应，说："正是因为他们的技术人员都是从德国培训回来的，只有几个人，他们干不过来，才委托咱们车间压型、组装、焊接。不过你放心，你想到的问题我早就考虑过，我们给你安排到焊接实验室，你慢慢琢磨，你看怎么样？"

说是可以慢慢琢磨，但是其实产品原料正在源源不断地运送到车间，刘志彬明白，主任许下的只是一句话，而真正催人的是实实在在向前推进不会停歇的现实。

主任的眉头微微蹙起，这一几乎不可查的痕迹被刘志彬捕捉到了，他想，主任也许很无奈，但是他看向刘志彬的眼里还有一种期待的光亮，这光亮比现实更能让刘志彬说出下面这句话。

他说："三天，给我三天时间。"

其实刘志彬私底下琢磨过关于氩弧焊技术的材料，他运用自己以往的经验和掌握的理论知识，在脑海中曾对这项新技术做出过模糊的构想，只是苦于没有机器可以进行实操。当时氩弧焊焊机特别贵，不锈钢产品也特别少，更不可能让他们拿来练习。眼下摆着这样一个好机会，他想挑战一下自己，也不想辜负了主任的期望。

他开始了为期三天的实操练习。

时间转眼来到三天后。

在车间所有人的围观下，刘志彬先检查焊机、供气系统、供水系统，查看它们焊接得是否完好。然后，他把工件挨个挑出来，检查它们是否有油、锈等脏物。

等到一切准备就绪，刘志彬穿好防护服，戴上面罩，把焊枪以45度倾斜的方式抵在坡口上。一束电光亮起，左右手开始同时操作。

氩弧焊是使用惰性气体氩气作为保护气体的一种气电保护焊的焊接方法。由于氩气是一种惰性气体，不与金属起化学反应，合金元素不会被烧损，而氩气也不熔于金属，焊接过程基本上是金属熔化和成型的过程，而且由于电弧受氩气流的压缩和冷却作用，焊接变形应力小。

在明白这些底层原理后，焊枪在刘志彬手里再次变得如往常一般丝滑顺手。

人们在火花一簇簇灭下去后，再次围到刘志彬身边。在刚刚层层金光的掩映下，显露出的是一条平直光滑的焊缝。这是一个信号，标志着刘志彬三日誓言的完美达成，也标志着他越过了一个可以突破外国技术的高峰。他越过去了，只用了三天，在未来的日子里，他还可以越过多少这样的高峰呢？刘志彬为自己存了一个心思。

在一片掌声中，国祥公司的经理走到了刘志彬面前，他笑着说："眼见为实，你们车间真的有可以三天学会氩弧焊的能人，这下我们公司可以放心把产品交给你们车间了。"

刘志彬跟国祥公司的经理握了握手，他想，他把笑话变成了现在的笑声，这是比三天学会氩弧焊更加重要的事。

焊枪下降成本

1996年，国务院转批国家经贸委、冶金部《关于学习邯郸钢铁总厂加强管理的经验进一步抓好扭亏增盈工作报告的通知》，文件中将邯郸精神概括为"模拟市场核算，实行成本否决"，要求全国学邯钢降成本。

口号喊起来响亮，真正落到实处难。比如落到刘志彬的生活中，学习邯钢降成本就是需要他精进修复工艺，减少车间大型模具的委外加工或报废。

在完成车间工作之余，刘志彬也在车间走动，查看车间大型模具因为重复使用而出现的磨损和裂纹。这些细小的伤口都是导致产品质量出现问题的关键因素。如果不能将它们修复如初，那么这些模具面临的将会是报废的命运，而工厂车间也需要承担高额的费用，填补这一大型模具的缺失。

以前，工厂车间常选用的方法是委外加工，给模具增加垫板。这种方法屡试不爽，虽然在价格上算不得便宜，但是相对于报废现有模具，再添一个新模具的花费，已经算是小巫见大巫了。

刘志彬在车间里边踱步边想，他是否可以从委外加工这一步入手，尝试用焊接修复模具出现的磨损和裂纹，进一步降低车间投入在模具上的资金呢？

于是，他又拿出了当年练习焊接民用复杂钢结构产品的劲头，采用进口的澳大利亚万能303焊条，结合修复千吨油压机的经验，开始了自己的研究。

厂里有人来问，刘志彬也不瞒着，他说："正在做，正在做，您瞧好儿吧。"

这一次，他没费多少功夫就破解了其中的难题。多年投入在焊接工作中的时间和汗水，都成了助他探索钢铁和火花间秘密的放大镜，让他在少有人发现的角落里，再一次创新，铸就新的辉煌。

初见成效，刘志彬就直接拿车间里自己曾经修复过的千吨油压机成型模具练手。一来自己有经验，曾经参与过修复这台机器的产品，对它各部分的结构相对熟悉。二来厂里对千吨油压机成型模具的需求相对紧迫。

刘志彬结合总结出来的经验开始操作，避免了焊接热量过大、熔深过大等问题，采用自己独门的焊接手法，在一片火光之中，再一次创造了刘志彬式的成功。连来探伤的技师都找不到任何毛病。

于是，厂里的模具开始接二连三地往刘志彬这里送。比如630吨冲型模具、折弯机压型模具等。到后来，不光模具，连锻工车间煤气发生炉的检修焊接到电力机车的传动轴磨损补焊，都交由刘志彬来修复。

几年下来，刘志彬就用自己的技术和手中的澳大利亚万能303焊条为工厂节约了几百万元，石家庄车辆厂成了铁道系统学邯钢的典范。

当时行业内有这么一句话：学邯钢降成本。这句话背后站着的就是在多年焊工生涯中厚积薄发的刘志彬，这不仅是他的一次亮相，也为他今后在焊接领域深耕细作、不断创新打开了一个口子。

刘志彬的生活，即将进入一个全新的阶段。

第三章　厚积薄发

◎群英颂歌◎焊就不凡
◎精艺传承◎奋斗底色

最冒险的方法也是最安全的保障

2000年，刘志彬迈入新阶段。5月，他光荣地加入了中国共产党，成为一名新世纪的共产党员。

不久之后，车间主任又找上了他。

原来是因为锻造车间1600吨压力机工艺垫板出现裂纹，已经影响到了车间生产，耽误了车间的委外订单。

车间主任无奈地对刘志彬说："我这也是实在没办法，只能又麻烦小刘你加班加点了。"

当时生产的这个产品叫制动梁，供不应求，利润特别高，俗称"印钞机"，耽误一天的生产，工厂就会损失好几十万元，虽然新的工艺垫板已经买了，但是需要等半个月才能送到，到了以后还要试一试才知道能不能用，这样里外里都不知道要耽误多长时间，所以车间主任想让刘志彬试试能不能先焊接修复工艺垫板上的裂纹，为车间减少一些损失。

虽然修复工作现在是刘志彬最拿手的一件事，但是这次的工艺垫板显然有些不一样，它的材质松软非常容易产生裂纹，同时又属于大厚度的铸铁焊接，焊接后内应力大，容易使内部夹渣并且有微细裂纹的延展，焊接难度可谓进一步加大。

车间主任的意见是，直接在工艺垫板上焊，虽然这样速度快，但就是特别考验工人的技术，不过为了车间的利益，如此搏一把也未尝不可。

可是刘志彬听后却逐渐皱起眉头，他对主任说："如果您信任我，就按照我的方法来做，我一定能保证损失降到最低。"

车间主任握住了刘志彬的双手，他说："小刘，那就交给你了。"

刘志彬根据经验，对裂纹延伸处进行探伤检查，发现裂纹裂透式延伸到整个垫板内部的三分之二，位置大概是140毫米，已经不能修复了，如果想重新投入使用，就必须随裂纹延伸将垫板整个切开，采用X型坡口的形式对接焊。

当时，好多人不理解这种方式，包括车间主任都觉得这是在增加焊接的难度和焊修时间，如果在修复的过程中出问题，将会更加耽误生产。

面对他们的不解，刘志彬耐心地为他们讲解："我们这是异种材料焊接，先采用手工电弧焊铸铁焊条打底，焊接过渡隔离层，再用气体保护焊碳钢焊丝填充的焊接方法，手工焊保证熔深大能把根部微裂纹熔化，抗裂性能好、质量好，气保焊填充，盖面速度快、热量小，像烙饼一样来回翻面焊，可以控制反变形。

目前时间紧，如果我们在工艺垫板面上补焊，没有强度受不了冲击，稍微一震动，这种裂纹还会延伸出现，就跟没焊一样，到那时还要返工，更耽误时间。"

听完刘志彬的解释，大家都不再作声。有个老技工私底下跟刘志彬说："你这是最冒险的办法呀。"

刘志彬说："对，但这也是最能保证工艺垫板在使用过程中安全的办法。"

主任听到这里，也下定了决心，他当着所有人的面对刘志彬说："行，就按你说的方法来，只要焊接没问题，即使变形大，保证不了2毫米平面度也没关系，大不了，我在铣床上铣平，再耽误半天。"

于是接下来的一天半时间里，一群人连续不间断地将垫板预热、焊接、冷却、再预热、再焊接，在垫板上忙上忙下。天黑的时候，正在焊接的垫板是暗红色的，为了防止烫脚，电焊工们就在垫板上放上槽钢，电焊鞋被烤得鞋底发软，脚在里面蜷缩着，被烫得生疼，即便这样，也得保证一动不动。为了预防焊接出问题，焊一会儿就要换一个人。

结果是，没用主任上场，在刘志彬的指挥下，大家就完成了焊接修复，修复完成的垫板平面度不超过2毫米，不需要再加工，直接就可以投入使用，保证了车间生产任务的完成。

刘志彬高兴之余也突然明白了自己所要追求的——新时代下

为党和人民贡献的真谛，就是在这样万分紧要的关头，全力守护党和国家以及人民的财产安全，厉行节约。自己也算是险中求胜，一如儿时故事里的那些英雄了。

三借项目组

2001年，刘志彬所在的铁道部石家庄车辆厂正式加入中国南车集团，工厂经营的多种项目产品一下子多了起来，其中最重要的当数特种平车项目。工厂在2001年底签订了特种平车试制合同，在安排哪些人来着手开展这个项目时，项目组组长张伟鸿一下子就想到了刘志彬。无论是在电气氩弧焊方面高超的技术，还是在焊接变形控制过程中的出色表现，刘志彬都是这次工厂试制特种平车的不二人选。

张伟鸿马上就去找工厂负责人事的副厂长点名要刘志彬进入项目组。工厂人事副厂长其实心里有点儿打鼓，他知道车间主任对刘志彬宝贝得紧，哪能那么轻易就把刘志彬这样一个技术全面、拥有创新能力的人才放走？他在心里已经做好了打持久战的准备，毕竟当前工厂正值用人之际，刘志彬这样的技术人员不可多得，正是需要他们站出来推工厂往前再进一步的时刻。

于是他小小地退了一步，先没直接通知车间主任，而是旁敲侧击地跟车间主任预告了一下。果然，车间主任一下子就火冒三丈了，他不允许这种事情发生，刘志彬是他们车间培养出来的，现在要建立项目组，怎么可能说要走就要走？车间主任有些愤愤不平，又惊又气，半夜睡不着觉，便爬起来给刘志彬打电话。电话一接通，他再三跟刘志彬确认："公司领导点名要你，我不同意，咱们活儿忙，也离不开你，你别半道儿跑了。"

电话那头的刘志彬这才知道，原来自己已经经历过一轮领导们的"明争暗夺"。他顿时觉得有点儿不好意思，但是很快又恢复了平常心，自己的能力能被这样认可，也是依靠单位的培养和自己多年来的积累，在车间的这些年，刘志彬早就学会了宠辱不惊。但是相比于宠辱不惊，他更明白的道理是顺其自然，既然车间主任已经这样说了，那他做好自己的本职工作，也未尝不是给公司作贡献。

刘志彬不知道明天是什么样子，可是副厂长知道，他因为主管人事被工厂总工程师找来。工厂总工程师这次硬气了许多，他给副厂长摊牌了："特种车项目非刘志彬不可，这是重点项目，必须找技术水平最高的。"

于是副厂长找到车间主任强调了很多工厂发展的必要性，车间主任也是没辙了，一股脑儿地把车间的情况全告诉了副厂长，没有刘志彬这样有经验的高技能人才，他们车间也可以说是举步维艰，不能因为公司要成立项目组就把别人家的顶梁柱给换了呀。

副厂长这下也不好说什么，就这样拖了半个多月。工厂总工程师最后给厂长打了电话。

项目组要刘志彬的事，看来是势在必行。车间主任对刘志彬说："这次是厂长打电话，我彻底拦不住了，你去吧！搞好了，别不回来啊！班长的位子我给你留着。"

刘志彬望着这位看着自己成长起来、给自己无数机会的车间主任，心里感激之余还泛起一阵酸楚。

最漂亮的焊缝

刘志彬刚被调入项目组，一个大项目就紧接着赶来——试制特大专用平车。这个项目不简单，当时特种项目有三家竞争，其中东北的一家大厂是专门生产特种车的元老级企业，是产品设计主导厂家。另外一家南方的大厂是业内数一数二的新造厂，实力雄厚。而当时石家庄厂基本没有新造经验，长期以检修为主。在这种情况下，试制产品的质量如何就成为业主选择谁家订货的关键。

这种特大专用平车，全长22.5米，全部采用钢板拼接结构。

其中的重点难点是长大钢结构的侧梁焊接，为了减轻整车的重量，采用的是较薄的钢板，是石家庄车辆厂以前根本没接触过的，这种钢板虽然可以减轻整车的重量，但是十分容易变形，在工厂原来的设计下，采用的是埋弧焊焊接侧梁，通过1：1的一段实际模拟焊接。整个侧梁受焊接内应力的影响失稳变形，侧梁像麻花一样扭曲起来，成型效果非常不好。

正当工厂进退两难之际，一直闷声不吭的刘志彬突然说："是否可以用混合气体保护焊来做呢？"

这段时间大家都在为如何使埋弧焊焊接钢板不易变形而焦头烂额，思维都困在原地，只有刘志彬默默查阅资料，向工程技术人员几番请教。他想到自己曾经自学考取资格证的富氩气体保护焊，这种焊接方式可以使焊接变形明显变小，并且质量相对稳定。

在默默做好研究，确认无误后，刘志彬才在所有人一筹莫展之际说出了自己的想法，并很快就得到了许多人的认可和支持，于是大家又开始投入对新方法的研究和使用中。

要想用混合气体保护焊将产品焊得成型美观且速度不拖后腿，那就需要专用焊接设备。但是项目已经进展到了此时，如果现在再进行投资，需要几十万元甚至上百万元的资金不说，还会影响工程进度。最后，经项目组研究决定采用手工操作气保焊焊接，这就非常考验焊接工手上的准头，一点儿错误都不能发生。

⊙ 2017年，刘志彬（左一）在职业院校宣讲工匠精神

刘志彬觉得这样不行，他根据自己的经验又提出用自制焊接小车进行焊接，可以保证成型美观，质量也好，项目组组长考虑半天同意了刘志彬的想法。

刘志彬也不多花厂里的钱，他就充分利用现有工装，把焊枪定好一个角度绑在氧气切割小车上进行焊接。可是到了梁鱼腹处的斜焊缝，自动焊接小车就不那么好使了。遇到这样的情况，刘志彬马上说，他来进行手工焊接斜焊缝，刘志彬多年的积累终于在这一刻显现出来，他手工完成的焊缝几乎和自动化的焊缝一样美观，焊接接头如果不认真观察，根本无法区别哪个是刘志彬手工焊接的，哪个是自动焊接小车焊接的。连前来验货的铁道部装备部的领导和特种装备的领导都连连称赞，说这是他见过的最漂亮的焊缝。

特种平车的订单也自然而然地交到了石家庄车辆厂手里，这辆特种平车的成功研制，为铁路运输特种装备提供了一种新型车辆，填补了我国铁路特种装备货运装备的空白。这项成果还获得了业内国家科技成果一等奖。

随着这次特种平车的成功试制而来的，是石家庄车辆厂开启了一项前所未有的新项目——新造车业务。也正因如此，才为刘志彬的不断创新提供了一个广阔的平台。

桃李花开

工厂拿下新造车订单后，面临的问题其实比竞标时还要棘手。毕竟可以熟练操作富氩保护焊技术的工人不多，不利于工厂铺开大量生产。这时，谁来教一批工人投入生产就成了公司当前面临的首要问题。

事情就是这样开始的，刘志彬作为成功试制特种车的重要人员，被安排在工厂进行了一场别开生面的焊接操作展示。全厂的焊工都来到了现场，他们围得里三层外三层，就是为了看人群里面究竟有怎样的名堂。

火花在人群中间的空地上炸开。

刘志彬熟练地提起焊枪，开始了与火花亲密的互动。

没想到这一展示就停不下来了。工厂领导提出聘任刘志彬为指导老师，让他在全厂培训推广富氩气体保护焊。

这是刘志彬第一次成为老师。他回想起自己那并不遥远的青年时光，那时他初次接触到了焊接技术，而引领他入门的就是马老师。就是马老师多给他一根焊条，才成就了今天的刘志彬。

到了今天，刘志彬已经可以只用40分钟连续焊一道20多米的焊缝，中间不起身、不直腰，一口气完成一道没有接头的焊缝。

跟随刘志彬学习的焊工们都目瞪口呆，这种挑战人体极限的操作让他们惊叹不已。刘志彬也不夸耀，耐心地教他们，怎样在焊接过程中倒步让自己的身体可以一直保持相同的姿势。拉着焊工的手，让他们感受左右手都把持焊枪的力道。

为了提高车辆厂的焊接技能水平，各个车间选送22名电焊工跟刘志彬签订了师徒合同，这些电焊工们白天工作，晚上练习，虽然很辛苦，但他们谁也不愿意早点儿回家，他们都想跟刘志彬多学一点儿……后来这些徒弟们大部分成了工厂的骨干和技能专家。

刘志彬工作之余也经常被领导派到各个车间进行现场实物焊接演示和焊接试验，他推广的气体保护焊焊接技术成效也逐渐显现——用气体保护焊焊接了工厂第一个铁路货车新制动梁，并且通过了十万次高频震动评审，获得了生产资质。

同时，在当时工厂验收室主任的安排下，用气体保护焊焊接制作1.5毫米厚旧钢板和旧钢板的焊接样板，模拟现场检修薄板对接焊缝，并作为车间检修焊缝样板在橱窗展览，让电焊工焊接时有参考标准。现在工厂90%以上的钢结构产品都运用富氩气体保护焊焊接技术，焊接生产效率提高了一倍，焊接质量显著提高。

刘志彬当时培养的22名徒弟中大部分成为工厂的技术骨干和技能专家，非常有效地解决了工厂在高端技术人才上的短缺问题。

彼时的石家庄车辆厂，已经连续3年修车过万辆，在全路K2转向架改造过程中成了全国第一，而且为新造车的生产打下了坚实的基础，一跃成为当时全国最大的铁路货车检修基地。

当然，吃水不忘挖井人，工厂的荣耀也不能落下为此作出杰出贡献的刘志彬。

2001年至2003年，刘志彬获得了石家庄市劳动模范、石家庄市经济创新能手、河北省创新技术能手等诸多荣誉称号。

欲戴王冠，必承其重。这个时候，工厂的各种试制任务也都落到了刘志彬头上，1.1米钢结构转向架侧架组装焊接，也在刘志彬班组焊接成功，不惑之年的刘志彬终于迎来了自己人生中一个成果丰收的时期。

一道裂隙都不放过

2003年，工厂刚接到铁路货车K16钢制三轴转向架的检修业务时，一大批技术骨干直接撒手说："这个活儿干不了，把心盘梁拆下来，整个结构都变形了，基准都没了，连组装工装都不好做，更别说焊接变形了，简直就是天方夜谭。"种种技术困难就摆在眼前，工厂领导这时又想到了刘志彬，他跟刘志彬的车间主任苦劝一番，把业务所要面对的困难及利害关系分析得明明白白，最后就撂下一句话："这个事，还得志彬来干！"

当时，这个K16钢制三轴转向架的检修业务是工厂一个新的经济增长点，能否承揽这项业务关系到工厂以后的业务突破点，即便这个产品检修难度特别大，很多其他工厂都不敢接，工厂也要全力把这个项目拿下，好开辟全新的市场。

刘志彬明白这项业务的轻重，他看了图纸后，更觉得艰难。更换转向架心盘梁就像给人做腰部手术一样，一个是更换后要达到设计质量要求，焊缝要保证外观尺寸符合要求、美观，还要保证内部探伤和表面探伤合格，另外，要保证内应力不能太大，防止出现裂纹。更要保证转向架运行8年不能出问题，一旦出问题整个车厢就可能塌下来发生危险，严重的会导致火车颠覆，造成人员伤亡。刘志彬思索了两个晚上，决定挑战一下高难度，拿出一个切实可行的解决方案来。

这两天，他几乎没怎么睡觉，梦里都是关于转向架的事，他白天请教厂里主设计工程师，请教三轴转向架的结构特点，现场对照实物画草图确认位置；去图书馆查询转向架焊接变形的趋势和刚性固定对内应力的影响；对照实物的位置确认切割的位置，看摆放的高度是多少才有利于切割，以及如何组装；在实际焊接过程中又该先焊接什么地方……有时半夜想不起来某个实物在什么位置，他就骑自行车到单位，再次确认自己的想法。

等到他出现在所有人面前的时候，嘴上起了泡，眼睛也肿起来了，多少有些狼狈，但他给出的方案却完全打破了常规的思路。

第一步，把这个转向架的所有空间尺寸都测量准确，测水平面尺寸前，再做一个工装保证有水平基准，便于测量水平面。第二步，把关键的位置、容易变形的位置、尺寸精度要求高的位置进行刚性固定，固定不能影响后续组装、焊接等，关键是拆下来以后不能走形。第三步，计算焊接收缩量。

工艺人员和技术骨干围在一起，一边听方案一边表示可行，时不时对一些细节发表自己的意见，直到散会，大家才真正意识到，他们也许有机会完成这个"不可能完成的任务"。

很快，大家就这样开始动工了，把转向架切割开，有些心盘梁的裂纹在横梁和心盘梁连接的立焊位置，说明这条焊缝受力大，长时间疲劳易产生裂纹。

刘志彬警觉起来，这样的裂纹会不会延伸到横梁腹板上呢？

项目组的有些成员这时犯起了嘀咕，现在还没牵扯到横梁，为什么要给自己找麻烦呢？

但是在刘志彬的坚持下，项目组还是联系了市场部，向负责

⊙ 2020年，刘志彬工作照

这批转向架的公司咨询了有关横梁的问题，得到的答案是支持检修。这是连对方公司都没想到的隐患，却被刘志彬敏锐地发现了，果然在进行磁粉探伤后，发现了五根有问题的横梁，需要进行更换。

组装的过程就顺利多了，回到了老本行，所有人按照起先定好的工艺步骤检测组装，每一度的偏差都不放过，坚持用卡尺校核。为了防止组装完成以后的焊接变形，刘志彬带领电焊工统一先用下脚料练习一样的焊角，再观察变形情况，一一寻找变形、收缩的规律，最后归纳确定实际焊接的方向和焊接顺序以及焊接电流等参数。

一套组装下来，大家都变得格外有默契。张主任亲自来验收的时候，每个人都对这批产品格外有信心，连连让张主任放心。

张主任嘴上说着放心、放心，手上的卡尺却没停下，当量出来的尺寸确实分毫不差时，他也加入了大家"放心"的队伍："放心，交给志彬放心，交给你们放心，大家都辛苦啦！"

第一个专利

2003年，刘志彬的第一个专利诞生了。他和厂里的技术工人们共同对风缸的生产线进行了设计，将副风缸、降压室等一系列刹车缸进行了流水线式的制造。

说起做这件事的原委很简单，它已经在刘志彬心头盘桓了许多年。

原本的风缸等一系列产品都是流水线式生产，十几道工序，每道工序从预煨弯到手工卷圆，全靠人工进行操作。尤其是手工找圆，找圆时，一个锤子砸外缘，一个锤子垫在风缸的内侧支撑，铆工的身子正挨着风缸，震动穿过骨头，导到耳朵里嗡嗡作响。刘志彬就亲眼看到许多老铆工岁数还不大，耳朵就聋了。更不用说组装焊接，试风试水，交验完成，每一道工序都需要搬倒，非常费时费力。那时候，一个风缸50多斤都是人工抬起来，每天搬倒十几回，对焊工的体力是非常大的考验。如今要新设计流水线和压装工装，就是为了解决搬倒和找圆的问题，直接压装组装，流水转入下一道工序。

刘志彬时常跟一些老焊工聊天，原来焊接的时候，他们累得拿焊钳的手都哆嗦，焊接需要两手操作，因为风缸是圆形的，需要环形焊缝，一只手在简易工装上转，另一只手拿着焊把焊接，稍微配合不好，就会焊偏，尤其是刚刚开始焊的时候，焊条长，重心不稳，转的速度　定要跟上焊条熔化的速度，不然焊接质量可能达不到要求。

了解了这些困难，刘志彬决定采用气体保护焊自动旋转焊接流水线来解决。

但毕竟每次创新都不是完美的，刘志彬在此基础上进一步精益求精，采用温水试压彻底替换了冷水试压，改变了原来冷水试压误判的问题，保证了行车的安全，效率提高了两倍，试验合格率100%，并且针对试水后自来水直接排放问题，设计制造了循环试水工装，每年节约用水87万升。

"复活"焊接机器人

2004年，那是焊接机器人还没有在企业广泛应用的时代，但是铁道部的新造车任务下来了，并且要求这批新造车必须全部采用自动焊完成。这可难倒了刘志彬所在的工厂。

自动焊大多采用专机线设备，新上一条专机线，需要大量的资金，当时的工厂根本无力购买，即使凑齐购买设备的资金，设备购置到安装调试仍然需要较长的时间，恐怕这批新造车的生产任务无法按时完成了。

幸亏厂里有一台闲置的进口焊接机器人，如果能改装一下，也许就可以符合铁道部对于自动焊的要求。这可是一个棘手的活儿，整个机器人都是进口的，说明书上密密麻麻全是外文，对工

⊙ 2017年，刘志彬操作焊接机器人

厂来说，使用都有困难，更别提改造了。

这个棘手的项目最终还是落到了刘志彬手里，刘志彬已经通过好几次高难度问题的考验，厂里现在对刘志彬已经有了极大的信任，任何没人敢做、没人能做的事都被拿到刘志彬的面前，每次的结果也都不负众望。所以，刘志彬再一次挑起了工厂生死攸关的大梁，着手改造这个难搞的焊接机器人。

由于当时在企业中焊接机器人应用得并不广泛，刘志彬的改造连一个可以参照的对象都没有，一切都要从头开始。

刘志彬就把机器人运行起来，他在一旁观看机械手臂的运行规律、焊接的力道、角度以及速度等问题，让自己的心里逐渐描摹出一个焊接机器人的模型，它的一举一动的节奏全都牢牢印在刘志彬的脑海里。

机器人的臂展是相对固定的，在焊接的过程中多有局限，所以配合机器人做一个配套的定位工装是必不可少的。同时，枕梁有两面，要求实现两面焊接，但是机器人走的是"死道儿"，焊接完一面，另一面就无法继续进行，必须有一个翻转的动作才能做到同时焊接另外一面。

了解了这两点，刘志彬就着手制作工装。需要考虑的不单单是焊接所需的工艺参数、焊接速度、焊枪角度等问题，更需要考虑操作人员的体位以及天车吊运是否会和机器人臂展发生碰撞的问题。

等到工装真的被投入应用，已经是一个月以后的事了，厂里的工人和领导看着在生产线上自动运行的机器人，再一次赞叹刘志彬会"魔法"。

被成功"复活"的机器人顺利地帮助工厂完成了新造车的任务，并且大大提高了车间的工作效率及焊件的焊接质量。一天下来，焊接机器人可以焊10辆车的40个枕梁。直至今日，这台被刘志彬成功"复活"的焊接机器人仍在车间里发挥着重要的作用。

"精加工"神话

2005年，刘志彬所在的行业发生了一场大变革。

随着科技的进步，新工艺、新技术在冷作精密装配中得到快速发展。利用装配技巧与焊接原理，运用精密卡尺、千分尺等测量工具，再配以可操作的加紧定位工装，确保钢结构件的装配精度，就可以完全实现取消整体机加工过程，并且达到毫米以内的焊接精度，完全打破了焊接是"粗加工""3至5毫米"误差不可突破的惯例，将不可能变为可能。

虽然有了第一个"吃螃蟹"的人，但是如何来烹饪"螃蟹"也不是那么简单的。

当时，工厂副总工程师许秀峰设计了一台H2E02A钢制三轴转向架，面对正在如火如荼变革的行业，他有了一个大胆的想法。思来想去，厂内也只有刘志彬或许可以配合他实现这次飞跃。

于是，他找到刘志彬，问他知不知道这项新技术。

刘志彬看他提问时热切的眼神，一下子就明白了对方的意图，但他还是选择让对方慢慢说明来意。

许秀峰见有戏，便接着说下去："原来的钢制转向架考虑了尺寸公差和焊接变形，设计时需要将钢板加厚，焊接完成，热处理后，再通过机加工到尺寸，这样成本很高，生产周期也长。但是如果可以直接组装到尺寸，焊接后不再机加工，热处理后直接用于80吨自翻车铁路运行，这样不仅可以节约成本，而且可以缩短生产周期，不知道这样是否可行？"

刘志彬深知这样做难度很大，全国一些新造主导厂也没有这么做过，一旦出现尺寸变化，发生变形，转向架就要报废，不能返修。刘志彬在心里盘算着一旦无法完成的后果，但是大脑却异常兴奋。

他知道，需要焊接的这些构件由于受力复杂，因此结构强度要求高，是铁路货车的主要受力件，关系到行车安全。原来是铸造件，现在采用钢结构组焊件，对空间尺寸要求严格，关键位置焊接后，尺寸变化要求控制在1毫米以内，对强度要求也高，制作难度确实非常大。

但是他迟迟无法开口拒绝，沉默良久，他跟许秀峰说："试试。"

"试试"从刘志彬嘴里说出来，就是可以做，就是会交出一份令人惊艳的答卷，这是整个厂都明白的暗语。许秀峰一下子心安了。

答应下来后的刘志彬就带领班组骨干和技术部工艺技术人员专心致志地投入研究。他们研究在自由状态下组装可能出现的各种问题，组装、焊接工艺过程中对变形的控制，以及焊接质量怎么保证。

使用卡尺校核划线和组装尺寸，把划线、组装误差控制在最小，这对于当时铆焊工艺组装产品来说是首创，也是尝试。在制造过程中，刘志彬带领团队通过预留焊接收缩量和角变形，严格控制焊接工艺参数，采用正确的焊接方向和顺序有效控制了焊接变形，成功保证了在空间位置1毫米的焊接公差。在制作过程中，每次焊接前，刘志彬都对焊工进行培训，两个人对称焊接焊到什么尺寸都一一做出严格要求。每次焊接完成，刘志彬要第一时间量尺寸、量平行度、角变形量等，等冷却以后，再测量看看变形量的公差，为下一道工序提前做好准备。刘志彬还定下一个规矩，每条焊缝必须按要求焊接，长度必须一致，整条焊缝不能有接头，要一次性焊完。

有时刘志彬焊接到很晚，两只眼睛又红又肿，累得一步都不

⊙ 2015年，刘志彬指导焊接产品

想动，但还是会强挺着把所有的尺寸量完才回家。第二天仍然很早就来到现场，衣服都不换就第一时间量尺寸，看到没有问题才放心。

刘志彬后来回想，帮助工厂制作转向架这个项目，其实从头到尾他的心一直是悬着的，不仅每天都在连轴工作，而且压力非常大。他在睡梦中还在担心转向架焊接是不是出问题了，直至焊接完成终于达到了质量要求，他的心才落下了一半。自己能做的部分完成了，剩下的部分只能是听天由命了，实际在整个组装和焊接工艺过程中，他始终在控制重形的同时，为减少内应力作出努力。

他们的主任胡宏利也是热处理工艺的专家，其实他和刘志彬一样紧张，因为他知道热处理是一个释放应力的过程，如果焊接的内应力太大，热处理后，变形就会很大，很可能导致转向架报废，那么一切都前功尽弃了。

等到最后一道工序完成，刘志彬迫不及待地冲上去拿卡尺、水平尺等检测工具量尺寸，发现没有出现任何问题。检测结果全部都在设计尺寸要求内，一切都非常完美，他们成功了！在整个工厂，起码在刘志彬心里，精加工不再是一个神话。

狭路相逢

狭路相逢，勇者胜。

刘志彬在焊接技术这条道路上，其实遇到过不少狭路相逢的时刻。

2008年，石家庄车辆厂改名为南车石家庄车辆有限公司，公司开始大批量生产新造车，并且新引进安装了价值150余万元的C70型货车端墙生产线。

开始一切都好，只是刘志彬围着这条生产线观察了好几圈，他决定找专机制造厂家安装主管聊一聊。

"这个不能改，不符合焊接原理。我们公司研究好几年了，给好几个公司都安装了，他们都是大批量生产厂家，使用好几年了，这地方要改早就改了！如果要改，出了问题你们自己负责。"听完刘志彬的意见，专机制造厂家安装主管立马义正词严地拒绝了他。

刘志彬想，这也可以理解，毕竟自己才第一次接触这款产品，而对方已经跟这款产品打了许多年交道。但是他深知，自己

⊙ 2022年，刘志彬为国铁集团焊接人员作培训

身处一条小道，需要为一些东西博弈。

刘志彬此时耐下性子，对安装厂家主管说："你别着急，我给你演示一遍，可以的话，按我的办，如果不行对专机也没有影响，还按原来设计的干。"

刘志彬发现的问题其实是原设计端板与脚柱板焊缝的盲点焊缝，焊枪角度和焊缝近似垂直，焊枪前进方向差90度。设计要求必须用手工气体保护焊焊接，可是用手工焊接，焊工的身体受平台限制，既不好下手，又不能保证焊接质量，焊接速度也慢。刘志彬认真分析后认为，可以把它改造成自动焊，这样既提高了焊接生产率，焊缝又成型美观，更利于保证质量。

所谓艺高人胆大，刘志彬凭借自己长期积累的焊接经验当场试验。口说无凭，安装厂家主管并不信服，站在旁边有些焦躁，等着看刘志彬的笑话。

刘志彬娴熟地调整焊接参数，转动焊枪夹紧装置，调整焊枪，开动专机，一时间火花四溅。

火星的光点渐渐小下去，大家哗地一下围了上来，明眼人都看得出来焊缝当真漂亮，有人也不避讳，直接大叫，焊得真漂亮！

当时专机制造厂家的其他人员刚刚安装完，还没走，耳朵也竖了起来，一听焊得不错，马上就一起过来看看。不看还好，一看特别兴奋，用敬佩的目光看着刘志彬，询问这个焊接的角度，想一下搞明白。

一直在一旁的安装厂家主管也冲刘志彬竖起大拇指，他笑眼盈盈，态度一下子恭敬起来："真没想到您把上面这块钢板边缘熔化到底板上形成焊接熔池了，您真是把焊接手法琢磨透了，您的水平真高啊！"

后来，这家公司给内蒙古的一个厂家做专机时，这方面的改进就是用的刘志彬的技术。

狭路相逢，也可以握手言和。

学工艺，讲工艺

2008年的一个中午，车间里一阵骚动，刘志彬再一次站在人群中间，他拿着图纸进行实际操作，并且对照图纸展示给大家看。

他一边做，一边讲怎样保证产品质量，怎样操作才没有安全隐患，在工作现场如何保证产品精的同时操作又规范。

这是刘志彬每天脑子里都在想的事，一开讲就停不下来。公司的质量、安全、人事、生产等主管全都在观摩，他们忍不住问了刘志彬几个与自己负责方向相关的问题，刘志彬对每个问题都对答如流。

副总经理耿祥建笑得合不拢嘴，他拉着刘志彬的手说："当时信你的，做这个'学工艺，讲工艺'的活动，真没错。"

刘志彬连连点头，但是他接着又说："还没结束，这个活动还得大家都动起来才行。"

2008年正是公司关键的一年，面对大批量新造车生产订单，很多员工的素质还不达标。很多现场员工因不理解工艺指导书、不熟悉图纸以及不能领会焊接标准等，导致生产过程中经常出现质量问题，严重影响生产进程。刘志彬想，这可能与员工的知识不充足有关。于是他找到车间主任，阐明了自己的想法，无论是做出的工装过于简单、定位位置不准确，还是关键组装尺寸确定不一致、部件公差和整车公差的中心定位点不一致等问题，都是因为员工对图纸、工艺和标准掌握得不够充分，这已经超出了技能培训的范畴。公司面临产品的革新，员工也要与时俱进，对自己的专业素质进行相应的提升。

"学工艺，讲工艺"活动就是在这样的背景下诞生的。刘志彬作为推广者，打头阵进行试讲。他作为一个范例，让所有员工都像他一样，边操作边在大脑里"反刍"自己的行为，最好是能讲出来每一步的原理，而不是凭感觉操作。

就这样，刘志彬亲眼看着有的员工从只能操作，到如今对自己的技能如数家珍，讲起专业来头头是道，工艺文件有什么问题都能发现。这个活动不仅提高了个人的技能，还增强了自己的表达能力。公司的产品质量直线上升，公司领导都高度评价这一活动，并把它推广到了全集团。

"焊接行走小车"专家

2008年是公司举步维艰的一年，也是具有里程碑意义的一年。

铁道部调整货车生产力布局，公司货车检修业务锐减，运营面临巨大困难。这时，国铁新造车领域成为公司可持续发展的必攻之地。而要想实现新造车的大批量生产，铁道部对于关键焊缝必须自动焊接的要求是非常严格的。可是公司资金紧张，焊接专机价格又高，在这种情况下，公司领导想起了曾经"复活"过焊接机器人的刘志彬，问他有什么办法可以实现自动焊接，使用焊接行走小车是否可行。

那时候，焊接行走小车在我们国家刚刚起步，许多小车是国外进口的，虽然功能很多，但是代理商并没有使用过，焊接小车具体的效果如何，他们也不清楚。于是，公司领导就从代理商处借了两台焊接小车让刘志彬试试看效果怎么样。

有了曾经"复活"焊接机器人的经验，刘志彬研究起这种焊接小车可以说是如鱼得水。

"焊得真漂亮！"同事们看到刘志彬用焊接小车焊的焊缝无不羡慕地说。

"刘师傅，教教我吧，我也想用焊接小车。"

"刘师傅，你把参数都告诉我们吧，我们编工艺用。"

"刘技师，你看我们车间的产品，用什么样的小车比较好。"

被刘志彬改造调整过的焊接小车效果令人啧啧称奇，厂内都是想跟刘志彬学习焊接行走小车使用方法的人。

连代理商都找到刘志彬，拉着他的手兴奋地说："谢谢您，您用焊接行走小车焊接焊缝的视频被我们做广告了，看了之后买的人特别多！"

但是刘志彬依旧不满足，他试着使用更多种功能的焊接自动小车，有双枪的，有四把枪的，有焊枪摆动的，等等。并且根据产品的特性制作了专用轨道，替代了专机焊接，应用于焊接机器人枕横梁焊接、角柱与角柱板组、焊一体工装、中央大横梁两车对称焊焊接工装、枕梁组对工装等，效率提高了近一倍。

这些使得刘志彬成为当时小车试制的专家，公司领导让其他车间向刘志彬取经，刘志彬也来者不拒。这样无私的奉献精神，使整个车间都开始如火如荼地使用焊接行走小车，生产的效率和产品质量都在成倍提高。

KM70、NX70、X6K、C70在这样的大背景下成功完成了试制，公司得到了铁道部颁发的国铁新造货车的生产许可资质，并在当年实现了两个车型的批量生产，为公司增加了可观的销售收入。

而前来验收的铁道部有关领导和专家更是对一年拿到4个新造车资质的壮举不无感慨："石家庄车辆有限公司能用4个月的时间拿下4个生产资质，我们没有想到；而且当年实现批量生产，我们更没有想到。"

这一年，石家庄车辆有限公司的发展进入了一个新的时代。

一间自己的房间

2009年，刘志彬成立了创新工作室，他有了一片专属于自己的实践基地。

工作室具备相对独立的办公室，配备了办公桌椅、电脑等必要的办公设施及日常办公用品，并设置了理论培训室和实作培训基地。

刘志彬的掌心碰触着面前的一张办公桌，这是刚从工厂流水线上下来的一张新桌子。这样"新"的环境让刘志彬感到莫名的激动，"新"，一切都是新的，走进这间办公室的人是新的，走出这间办公室的所有产品、技术和技师也全部都会是新的！

刘志彬组看着创新工作室团队一张张熟悉或陌生的面孔，心里已经有了规划。

作为工作室核心成员，他们一定要有专门的经费和工作时间，也要在本职工作之外发挥工作室成员的技能引领作用，提高骨干成员的组织协调能力，充分利用工余和业余时间开展劳动竞赛活动。他们更要承担起社会责任，接受各种工作任务，充分发挥工作室技能专家和技术专家的协同作用，扩大已有项目成果的经济效益和社会效益。

刘志彬提出工作室的口号："弘扬大国工匠精神、攻坚克难、培养技能人才。"在这一理念的影响下，刘志彬带领工作室成员，在铁路货车新造、冷链运输、粮食机械制造、检修车资质认证、技能员工资质培训等方面开展活动，并取得了丰硕的经济效益和人才效益。

工作室累计获得创新成果200余项，优秀操作法105项；获授权专利54项，制定标准23项，微创新和提案改善1021项；在省部级以上刊物发表论文80余篇，成果转化100余项；带出技师、高级技师78人，中、高级工833人。

2017年4月，中华全国总工会党组成员李守镇第一次来到工作室参观。

同年5月，第十二届全国人大常委会副委员长、中华全国总工会主席李建国来到工作室参观。

⊙ 刘志彬创新工作室

继而是第十四届全国人大常委会副委员长、中华全国总工会主席王东明，河北省国资委、河北省总工会、中国中车、中车齐车集团等各级领导……

现在，工作室俨然已经成为中国中车的代表和标志。而对于刘志彬来说，抛却外在的浮华，这里就是自己的一方小天地，可以尽情地钻研技术上的难题，可以尽心传授自己所知。自由，被如是书写；而创新，也在这里诞生。

艺高人胆大

旋挖钻机桅杆是旋挖钻机的关键部件，一旦断裂很有可能危害人们的生命和财产安全，并且给企业的信誉造成严重损害。

2012年，受某公司委托，试制旋挖钻机30型桅杆这样艰巨的任务就交给了石家庄车辆有限公司。这样重大的单子让谁来做，又有谁能做，在公司高层的心中已经早就有一个算盘，最后在事业部的会议上，一位老总拍板："刘志彬在高强钢焊接和焊接变形控制方面经验特别丰富，组织生产协调能力特别强，工艺方面也在行，就安排志彬担任项目组组长吧。"这件事就这样定下来了。

当然，这只是一个开始，旋挖钻机30型桅杆的材质是Q450高强度耐候钢，大部分厚度为12毫米，最厚的钢板120毫米，结构为双腹板，属于大型钢结构钢件。对于这样的产品，误差不能大于5毫米，而且所有焊缝会进行磁粉探伤，关键部位超声波探伤要达到2级以上。

要求十分严格，制作一开始，问题就层出不穷。

物料采购人员说："没有料，周期长。"

机加工班长说："生产能力不足，设备加工不了。"

委外人员说："委外加工时间不能保证，我们还有一些部件没送出去。"

工艺人员说："公司内部得有先来后到，我们得先干什么，后干什么……"

工位人员说："工装没有，折弯回不来，图纸又错啦，工艺顺序不对……"

摆在刘志彬面前的就是这样一个烂摊子。他只能从头一点一点捋顺工作安排。

而且这次制作要用到的双腹板抗变形能力强，组装焊接过程中，说是钢板拼焊，实际上，说夸张点儿就像面条一样，稍微受热就会发生变形，这更给他们的工作开展增添了很大的难度。

所有人都很焦急，刘志彬却说："我们慢下来，一点一点去做。"

　　图纸结构复杂，刘志彬就把300多张图纸一张一张地对照研究。操作电脑的水平不行，刘志彬就用纸一点一点地画草图。在研究的过程中，把注意事项标注好，需要做到什么程度，由谁来负责，负什么样的责任，工装做成什么样的，该如何保证强度、精度，全部都写得清楚明白。同时，他又编制了采供顺序，保证采购来的物料先开工，由质量检查班长和工艺人员负责按图纸找委托方设计确认，保证每一步都不出问题。

　　就这样，生产和工艺终于步入了正轨。

　　这时更加棘手的问题却出现了。

　　有人喊刘工赶紧到现场看看吧，吓了刘志彬一跳。现场的人围了一圈，都在看这个变形的桅杆，75毫米的单面焊接变形量和5毫米的设计要求实在差距太大了。

　　刘志彬赶紧检查了一番，这样大的变形度并不符合常理。周围的人神色各异，有替他惋惜的，也有急于看他出笑话的，似乎这次失误已成定局。刘志彬再三检查了一番焊接的工艺，决定坚持自己的想法，他说："大家不要慌，我们现在只是焊了单面，既然能变过来，就能变回去，大家接着干吧。正常来说，双面焊的话，第一个面变形大，第二个面变形肯定是要小于第一面的。"

　　这一次刘志彬亲自在现场指挥，他稍微改变了一下做法。在原工艺的基础上，在桅杆上面增加重物，利用重物法增加反变形量，在工艺规范内增加电流，适当增加焊角尺寸，通过增加焊接热量来增加收缩量，产生更大的变形。焊接时，每焊接一遍，就检测一遍，接连三遍焊接完成后，误差缩小到了4毫米。

所有人悬着的心都放下了，焊缝也通过严格的检验证明合格，这一批旋挖钻机30型桅杆按时交上了完美的答卷。

有人过来跟刘志彬说："真是艺高人胆大，面对那么大的误差还能镇定地力挽狂澜。"

刘志彬只是笑笑没说话，他专心于对这次的工作经验进行总结，撰写成文章，以便让更多的人能从中获益。

扫码解锁

◎群英颂歌◎焊就不凡
◎精艺传承◎奋斗底色

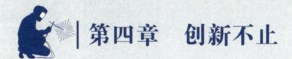

第四章　创新不止

扫码解锁

◉群英颂歌◉焊就不凡
◉精艺传承◉奋斗底色

问题出在哪儿

2015年3月，产品工艺被再次进行调整，敞车下侧门检修、新造等业务由钢结构车间调整到制备车间，同时将原来敞车下侧门焊接专机一并安置在制备厂房。

原来的敞车下侧门焊接专机在钢结构车间由于操作麻烦，导致焊接缺陷较多，焊接质量比较差，生产效率相对较低，一直被闲置着。

铁道部驻公司验收的通知这时候下来了，要求必须采用专机焊接检修和新制的下侧门。这可难倒了一众老员工，这些人操作专机的经验相对较少，焊接技能也不高。而机器的焊接工艺参数和焊接角度、焊接速度并不匹配，虽然可以用来焊接，但是焊出来的产品质量差，工作效率也不高，这个机器用起来更像是人收拾机器的烂摊子。不少员工叫苦不迭，公司高层也觉得影响质量和效率。

当时正值南北车合并，石家庄车辆有限公司由原来的中国南车集团公司并入中国中车，全称是中车石家庄车辆有限公司。

这时正是公司需要出业绩的时候，车间主任看不下去了，既然上面有要求，我们是不是也可以变废为宝，把这个专机的问题彻底解决了。

而这个问题还是只有刘志彬来解决最合适不过，由于工作的调动，他又回到了制备车间，找他来处理，既是出于本职工作，也是因为信任。

刘志彬办起事来还是那么不疾不徐，他在现场观察了两天，利用业余时间把所有的功能都试了一遍。并且在这个过程中，把专机的各个功能的极限速度范围、焊枪的极限角度范围等全部调试了一遍。此外，刘志彬还细致地观察了每个工步人员作业时调整专机的时间和习惯，以及行走的路线长短等。

第三天，他给了车间主任答复。

他给车间主任列出一个3+3+2的清单，他说："质量不好三个原因，速度慢三个原因，人员搭配不当两个原因。"

车间主任召集车间的人都来听刘志彬分析："第一步，该工装的基准定位与焊接专机的焊枪轨迹不重合；第二步，焊枪角度电流大没用倾角容易烧穿；第三步焊丝指向位置不对……"

刘志彬话还没说完，就被电焊班长打断了："我就是这样教他们的，我每次都检查，没错啊！"

刘志彬也不生气，还是微笑，他心平气和地回应电焊班长的质疑："角焊缝焊丝指向是距离尖角1毫米，这样大电流才能速

⊙ 刘志彬指导焊工焊接（右二）

度快，就像以前安装玻璃抹腻子一样，熔滴打开了，焊缝就漂亮了，还不容易烧穿，你教他们焊丝指向尖角是不对的。"

他说完就给电焊班长演示了一番，收束火光，呈现出来的焊缝又白又亮，整整齐齐。监造部的领导来查看的时候听说了这件事，在查看过整车的样品以后，遇到什么样的焊接质量问题都会直接找刘志彬沟通、确认、研究。

一个夜晚，四把焊枪

曾经"复活"过焊接机器人，还有首个利用焊接行走小车经验的刘志彬，一直是自动焊这方面的专家。他偶然发现现在的专机两把焊枪同时焊也只能日产六辆车份——七十二扇车门，远远不能满足日产十辆车的需求。他经过研究发现，目前的造车程序完全可以再改进一下，四把焊枪同时焊，在刘志彬看来应该不成问题，但是如果想要做这样的修改就涉及程序控制方面的问题了，这不是刘志彬擅长的，也不是他能负责的领域。

经过一番打听，刘志彬得知电工维修班任班长曾经接触过这个专机，了解专机程序控制方面的问题。他一时心急，就直接拨通了任班长的电话："任哥，我这有个问题，需要你的支持……"

任班长果然对这个专机很熟悉，他说，这个专机改到今天这个程度已经相当不错了。

他听完刘志彬的意图后，语气中却没有一丝喜悦，在刘志彬的一再追问下，他才缓慢道出原委，原来当时的员工感觉专机调试麻烦，让厂家把程序锁死了，很难进行控制层面的修改，专机生产时间又长，现在找厂家修改估计做不到了。

刘志彬听到这里，心一下子揪起来了，但是很快他就听到任班长说，他可以找一个程序工程师帮他们解决这个问题。刘志彬马上觉得自己的呼吸又顺畅起来。

只要有解决的办法，一切就还有希望。

但是刘志彬很快认识到，摆在面前的困难不止这一个。

当时正是新造车的关键时期，生产流程排得非常满，专机只有晚上加班干完活儿才能调试。所以刘志彬和请来的程序工程师只能在深夜进行排查。

员工陆陆续续离开时，班组班长找到刘志彬说："不会给我们调出问题吧，万一有问题，明天就完不成任务了。"

对方有这样的疑虑也很正常，毕竟还是有风险存在，如果改不好出问题影响的是班组的业绩。刘志彬给班长讲了一下自己的想法，给他梳理了一下思路，最后给了对方一个不轻不重的承诺，这毕竟是造福全厂的好事，这样一试未尝不值。

⊙ 刘志彬操作更新焊接机器人

结果过了一会儿，班长又来了，并说道："要不就别改了，我们辛苦点儿也就干完了。"刘志彬这才意识到，班长这是不想冒风险。他压下心中的惋惜，拉着班长的手，给了对方一个郑重的承诺："相信我，不会出问题的，要是改不了，我给你再恢复到原来的程序。"

这是刘志彬拿自己多年积攒的信誉在赌，他在给班长的心里加码，只要可以让他一试，他就能给出一个百利而无一害的结果。

他托任班长找的年轻程序工程师也到了，姓史，小史工程师话不多，看起来也麻利，就是一直念叨着，孩子小，想回去看他。刘志彬在心里盘算，要是快，可能一个小时就调完了。

结果刚开始刘志彬就傻眼了，这个专机的程序和他之前接触的焊接机器人的程序都不一样，程序一打开就被锁死了，里面的代码全乱了，小史工程师也慌了。好巧不巧，这时候孩子给他打来了电话"爸爸，你什么时候回来呀？"刘志彬没法回答，小史工程师也没法回答。

最后，还是刘志彬率先打破了沉默："小史，咱们来都来了，辛苦你一趟，今晚就把它做好。"像是被打了一剂强心针，刘志彬和小史一直做到半夜12点，可以四把焊枪同时焊的专机程序终于修改好了！

这样的专机不仅满足了日产十辆车的需求，还优化了人员工步，在原来的基础上节省了两个定员。

小史临走时还握着电话，电话那端孩子的声音格外稚嫩："爸爸，我困了，你快回来了吗？"刘志彬心生愧疚，但是小史却握住刘志彬的手说："刘工，我今天算是见识到了您的韧劲，我得向您学习。"

身体是革命的本钱

梁焊缝磨修工序生产环境恶劣，环境污染问题严重，始终是压在刘志彬心里的一块石头。每天早上安全喊话时，梁焊缝磨修工序都是被嘱咐最多的："你们今天磨修中梁焊缝多戴几个口罩，注意磨修方向，再加一个挡板，要不个别的工位没法干活儿了。"巨大的粉尘污染对生产进度和员工的身体健康都存在着难以被忽视的影响。

2017年，这个问题终于迎来解决的时机，刘志彬和工作室成员对整个梁焊缝磨修工序所产生的问题进行了剖析，其中，磨修质量不易控制，磨修工作量较大，人员使用较多等成为分析的重点。

针对这些问题，刘志彬和工作室成员反复思考行之有效的解决方案。他们讨论了许久，最终得出结论，利用移动铣床可以解决目前的问题。

说做就做。

刘志彬和工作室成员得到了车间领导的支持，结合公司现有的三种车型，设计制作了去除焊缝余高移动铣床。

这个焊缝余高铣床使用效果绝佳，不仅杜绝了粉尘的污染，并且焊缝余高铣削质量好，降低了劳动强度，提高了生产效率，保证了日产十辆车的生产进度，而且大大降低了人员使用率。可谓是一项创举。

刘师傅巧探伤

2017年，铁路货车中梁市场需求的型钢长度有限，受型钢规格限制，为了降低成本，中梁采用接长技术达到使用要求，中梁对接接长采用富氩气体保护焊接方法。这样焊接后，焊接质量较差，尤其是超声波探伤通过率很低，通过率在50%左右，经常需要返工。在探伤过程中，经过多次超声波探伤发现，主要缺陷是尖角处有层间未熔合、尖角未熔合、尖角边缘未熔合、夹渣、气孔等。这些焊接缺陷一旦出现，返工量较大，处理起来非常困难。主要因为正常的角磨机磨不到尖角处，只能使用电动铣刀，但是由于缺陷处在尖角坡口内第一层打底层和第二层填充层，磨出缺陷、修理出坡口需要两到四个小时。就算这样也经常出现二次补焊、探伤不通过的情况。有时甚至因为多次返工导致报废，不仅耽误了生产进度，又提高了制造的成本。另外，由于中梁属于长大结构件，每焊一层都需要天车配合翻转，将焊缝置于水平位置施焊。翻转是一件非常麻烦的事，也给生产进度带来了很大的影响。

"这个已经连磨带焊两回了，探伤再不过就只能报废了，而且工期太紧，要停工了，您看差不多就算了。"电焊班班长小心翼翼地对探伤的师傅说。

"我也没办法，这个尖角探伤不过的难题从开始接长就一直是难点，你就是找水平过硬的高手焊接，也就是60%的通过率。"探伤的师傅无奈地摊手，眼看电焊班班长还是不放弃，探伤师傅只好把刘志彬搬出来："你要是不相信我可以叫刘首席来验证一下，看看是不是未熔合的声波。"

电焊班班长这下可找到救星了，他赶紧去找刘志彬，"师傅，中梁接长探伤老是不过，电焊工都不敢焊了，是不是探伤的问题，您给把把关。"这话说得漂亮，却被刘志彬听出了端倪。

刘志彬笑着说："你干了20多年了，不从自己身上找原因，现在还埋怨上探伤师傅啦。"

⊙ 刘志彬现场解决问题

刘志彬边说边走到探伤仪旁边，看了一眼波形，对探伤的师傅说："再看看二次波，位置一致吗？今天让探伤师傅辛苦点儿，把大家都叫过来，找出缺陷以后就知道怎么回事了。"

探伤师傅开始操作，刘志彬对探伤师傅说："从反面的另一侧再探伤一下，把位置核定一遍，这样缺陷就肯定跑不了了。"

果然再测，问题就非常明显了。

如今缺陷确定了，刘志彬对班长说："你看没有探错吧！"班长也一下没了脾气，不知道怎么办了。

刘志彬一估摸这样也不行，不仅不能按时完成任务，而且以后这种问题还会长期存在。于是就又站到工位上，给大家演示："我给你们分析一下你们看对不对，这个位置特别容易出现问题。第一个问题，H型型钢尖角较厚，气体保护焊焊接过程中尖角焊接时，枪、坡口和眼睛形成一条直线不易观察。第二个问题，焊丝的干伸长度标准为10至25毫米，焊接状态良好，而实际上，焊丝的干伸长度大于标准要求的25至30毫米，导致焊接电压增大，焊接电流减小，焊丝从导电嘴出来以后产生弯曲，严重影响焊工操作。第三个问题也是最关键的问题，H型钢上下翼板坡口和腹板坡口尖角处形成菱形孔，需要悬空全焊尖角处菱形孔，增加了操作难度，菱形孔越大，操作难度越高，难度越高越容易出现未熔合和夹渣。焊接时，菱形孔位置又是平焊位置和立焊位置的交接位置，即收弧和接头的位置，在菱形孔收弧时，由于采用平焊位置的焊接规范，焊接电流较大，导致收弧处热量加大，收弧操作难度增加，出现焊瘤、烧穿成形不良等现象。"

大家一听纷纷说："确实是这样，刘师傅，我们也知道，但是要想改好太难了，我们都不知道怎么办呀。"

刘志彬马上说："大家别着急，我已经研究这个问题两年多了，下一步就可以试一试，如果可行的话，既探伤合格又保证了焊接质量，还能提高效率。"

所有人一听，立马来了兴趣。

刘志彬继续说："焊接接头的尖角处是出问题的关键位置，尖角处存在平焊和立焊两种空间位置的焊接接头，如果能连续焊就好了！"

电焊班长这时却出言打断了刘志彬："刘师傅，你不是开玩笑吧！你这是违反焊接规律！哪有那样的焊机，想要多大电流，自动就变了，即便能变，那我们气保焊的每一个焊接电流还要配一个焊接电压，这怎么调整？这可是需要人调整的。"

他这么一说，人群骚动起来，大家都是干这一行的，电焊班班长说的话确实在理。

工艺人员在旁边听大家说得挺热闹就插嘴道："我们也别瞎吵吵了，哪次刘师傅的创新不是绝活儿？你们学的几个绝活儿当初是不是觉得太难、不可能，现在对你们来说简单不？"

刘志彬眼见人们逐渐平静下来，于是接着说："当然有办法！就是采用富氩气体保护焊焊接。确认气体保护焊机要有收弧预设功能并且功能良好，为了保证焊接尖角处连续焊接，达到两种空间位置的焊接，采用一台具有收弧功能的气保焊机，利用焊机收弧功能，根据规定焊接规范参数首先预设收弧（立焊）的焊接电流、焊接电压和正常（平焊）焊接预设的焊接电流、焊接电压可以有效地进行两种位置连续焊接，避免了尖角接头，保证了焊接质量。我们就以中梁H型钢对接接长为例，焊前根据中梁焊接工艺参数进行试焊，要先确认焊接参数，是否在工艺范围内。"刘志彬边说边操作起来。"采用一台具有收弧功能的气保焊机，将焊机收弧功能作为第二位置焊接，预设第二位置焊接电流和电压，用正常焊接功能预设第一位置焊接电流和电压，进行平位置焊接，当焊接至尖角向上立焊位置时，扣动并按住焊枪的开关，在收弧状态下，进行预设立焊位置焊接规范的焊接。这样我们就可以实现平立位置交换式的连续焊接。"刘志彬说完，一条完美的焊缝就出现在所有人眼前，探伤师傅一测，果然没有任何问题。

"这样好！下回遇到薄板、厚板焊接也可以这样操作，太简单了！"有个电焊工兴奋地说。

电焊班班长看了也表示赞同："以后只要是大小规范同时存在的焊缝，我们都可以这么焊接。"

这项技术不仅降低了焊接难度，还省去了大型型钢焊接时需要制作的翻转工装，生产效率提高了两倍，可谓一举四得。

一项创举

2017年，制备车间在一款新造车的生产中遇到了技术瓶颈。中侧梁鱼腹切割工序施工时，由于车间人员紧张，即便是开设白班夜班两个班次，仍然无法保证生产进度，迫切需要一种专用设备提高生产效率。

谁来牵头搞研发，突破技术瓶颈？

重任再一次落到了刘志彬工作室的肩上。

H型钢是货车中、侧梁的关键部件，切割质量非常关键，关系到鱼腹成型、埋弧焊接、腹板变形、挠度控制等质量问题和生产效率。

刘志彬先仔细了解了一下现在的生产方法，主要存在两个问题。一是进行抽鱼腹切割和主管孔时，多采用手工划线，自动切割小车作业。而小车切割质量差，只能切割直线，不能切割圆弧，但是手工切割圆弧质量差，生产效率低，非常影响卜道工序。二是采用数控等离子切割机、数控火焰切割机，在切割H型钢的过程中，双枪切割交点时相互干涉不能重合，达不到质量要

⊙ 2017年，刘志彬研发的型钢自动切割机现场工作场景

求。这两点就是影响生产效率的罪魁祸首。

焊接是刘志彬的技术专长。自他进入技校以来，在这个领域里钻研多年，出于对铁路货车产品焊接制造技术的强烈创造欲望，他一直坚守在平凡的岗位上，屡次创造了不平凡的业绩，解决了诸多铁路货车新造、检修和新产业的重大技术难题，生产的铁路货车用于国内运输和特种装备运输，并且走出了国门，为铁路货车新造、大型重载特种装备的发展作出了重要贡献。

所以，刘志彬相信这一次自己也能够做好！

他马上组织团队进行难题突破，车间主任和建哲和技术副主任冯世显亲自出马，提出了很多建设性意见，冯主任利用人脉联系资源，工作室骨干各显其能。面对自动切割小车的不灵活，刘志彬和他的团队就巧妙地通过翼板快速定位，采用数控编程，设计主、副枪可以进行交点切割，利用两枪的速比调整速度，保证在一定的速度内两枪正常切割，在腹板上实现了自动切割，切割精度也在1毫米左右。

同时，为了减轻人工负担，他们制作了便于自动回程的专用轨道上、下小车，缩短了切割的准备时间，省去了天车搬运的时间，生产效率提高了一倍。而且通过操作过程分析，如果合理安排人员，工位操作人员可以从10人减少到4人，日产由每天4辆份提高到5辆份，同比每辆车用工降低68%，生产效率提高150%。

此外，这套设备在腹板上可以进行任意形状的切割，配以专用切割轨道，可以当作专用切割工具，切割一些异形小件。

这设备好用是好用，但有些人难免会怀疑它的生产质量。面对一些质疑，刘志彬和团队成员制作了专用检测样板，切割过程中随时监测，防止出现误差。

这次攻克技术难题解了燃眉之急，不仅成功稳定了切割质量，让尺寸控制更方便，而且提高了鱼腹成型、埋弧焊接、腹板变形、挠度控制等工序的质量，降低了对操作人员技能的要求，成功使腹板切割数控专机达到了中国中车货车中侧梁鱼腹切割的先进水平。

这是一项创举！

首席技能专家

那是2017年年底，刘志彬从办公大楼一走出来，就碰见了公司党委书记、董事长赵总。

赵总一看到刘志彬就向他打招呼，刘志彬也爽快地回应，两人微笑握手。

二位确实是老相识了。1985年石家庄车厂的八十周年厂庆，两个人就是一个舞蹈队的，如今30多年过去了，二人再见面还是

⊙ 2022年，刘志彬在河北省总工会机关党委宣讲工匠精神

能记起当年一起学习正太精神的那段岁月。但是这次他们可不是来叙旧的。赵总给刘志彬带来的是一个好消息。

他紧紧握住刘志彬的手，异常兴奋地说："志彬，祝贺你成为中国中车首席技能专家，你这个首席不简单，你知道吗？全国铁路货车检修、制造公司十几个，只有你一个首席！你是我们的骄傲！谢谢你，为公司争得了荣誉。"

刘志彬一下子蒙了，他真不知道这个消息，愣了半晌，问赵总："这是哪个文件说的？"

赵总乐了，"这可是独家消息，今天集团公司才公示，文件随后就下发。这可是大好事！"

2015年，南北车合并成为中国中车。高铁、动车、重载货车、特种货车、风电、新能源等项目当时都做得非常好。尤其是高铁、动车，已成为国家的金名片，其间南北车涌现出一大批高技能人才，他们的各项业绩都非常出众，评选的竞争非常激烈，很多南车首席技能专家、北车的金蓝领技能专家都没能入围。只有刘志彬，以创新发明专利最多的优势脱颖而出。

当时，中国中车人力资源部刘继斌部长对刘志彬说："作为铁路货车企业能够做出这么多创新发明，真是有心了。"

这句话进到了刘志彬的心里，这是一种回声，也是他在这个世界激起一些波澜的证明。

刘志彬觉得自己的能力和奉献，如此，也算值了。

后来，刘继斌部长针对中国中车高技能人才发明专利较少这一问题，专门邀请现场发明经验丰富的刘志彬到中国中车大学给中国中车高技能人才讲授高技能人才如何搞发明专利的专题课。虽然这不是刘志彬第一次传授经验，但是这么规规矩矩地站在讲台上却是第一次。从前不是在现场就是在工位上，很少有这种高规格的地方。通过此次培训，中国中车技能员工发明专利从原来的几十项增加到现在的成千上万项，刘志彬作为技能专家，为擦亮中国中车的金名片作出了努力。

当时刘志彬的课反响特别强烈，很多轨道装备公司和国家地方铁路公司，都希望请刘志彬去给他们的高技能人才讲授如何搞发明专利的专题课，并现场针对项目进行指导，毕竟上过刘志彬课的人都说收效立竿见影。

这样的结果是大家喜闻乐见的。刘志彬却突然想起了他在技校时的老师——马师傅，那个永远会多给他半根焊条的老师傅。

他想，现在应该由他来给后来者这半根焊条了。

工艺也要与时俱进

2018年，刘志彬在工作中发现，中梁鱼腹埋弧焊焊接如果工艺参数选择不当，很难保证拼接焊缝全熔透，严重影响产品质量。

刘志彬到现场观看询问才知道，原来公司制定的焊接规范较宽，不利于现场操作人员的最佳规范参数匹配的选择。这样焊接出来的产品，不是未焊透，就是焊缝成型不良，焊接质量存在严重问题，这一度成为公司焊接工艺的瓶颈。还有当焊丝伸出长度过长时，焊丝干伸会出现弯曲、旋转等现象，严重影响焊接过程的稳定性。而且当焊丝干伸长度增加时，焊剂的添加量也会增加，导致焊剂透气性变差，不仅影响焊接外观，而且增加了填充焊剂的工作量。

30多年埋弧焊焊接的经验告诉他，一定可以找出一个最佳的焊接工艺参数，也可以确定一个最佳的干伸长度。

他夜里翻来覆去睡不着，心里就在反复琢磨这件事，如果能成又是一件造福车间的大好事。

第二天一大早，他就去找工艺人员说了他的想法。

工艺主管却不太认可："这是主导厂给我们的工艺，我们不能改，如果改的话需要主导厂同意才行。"

刘志彬觉得他是信不过自己，于是针对自己认为工艺电流偏小的问题，在业余时间向其他厂家请教，得到的结论也是参数不一致，有的大，有的小。刘志彬不甘心，就去图书馆查阅资料，在网上查询相关内容，得到的结论也不太一样。

刘志彬一琢磨，既然都不一样，就说明一是焊接电流规范宽，所有焊缝都没问题，二是各单位组装间隙不一样，熔深就不一样。另外，焊机型号相对的电流有差距，电流小还有可能就是因为熔深浅，出现焊不透的情况。

思路这样一捋清，刘志彬更加坚定了自己的判断。他决定自己做焊接工艺评定，他依据现有的焊接工艺参数，制定了几十种焊接工艺参数，挨个进行试验。但是这么多试板，做理化实验有些过于费事。于是刘志彬就用笨办法，他用无齿锯把焊缝锯开，再用角磨机抛光，把稀释的盐酸刷到焊缝的断面上，这样一来就可以清楚看到焊缝在钢板里面熔化剖面状态的焊透情况，再去寻找现场最佳的组对间隙、焊接电流、焊接电压、杆身长度、焊接速度等。

几番试验下来，刘志彬确定好了最佳的工艺参数。这下刘志彬心里就有底了，拿最佳的几组试验钢板，进行理化实验，结果

⊙ 刘志彬现场检测

全部合格。他成功了！

　　这下工艺主管没话说了，巴不得早些用到自己的产品上。

　　刘志彬找到的优选解决方法，也被纳入了公司焊接作业指导书。他还在一定的焊接参数范围内，总结出了比例公式，便于工作人员使用查阅。对于任意板厚也能快速定出焊接工艺参数，保证焊缝焊透质量。

　　另外，在焊接试验基础上，刘志彬结合高耐钢气体保护焊的经验，对埋弧焊焊丝干伸长度进行了分析，确认了现场增加焊丝伸出长度参数对焊接质量的必要性，确定了最佳的焊丝为35至40毫米，此时焊缝成型美观，熔合好，焊剂保护较完善，并且节省了焊剂回收量，对埋弧焊焊接有极大的借鉴和推广价值。

　　工艺主管对刘志彬拿出的成果啧啧称奇，忍不住问他是怎么知道焊接工艺参数有问题的。

　　刘志彬腼腆一笑，回答道："也没什么好办法，就是多看多分析，辩证地看待工艺质量问题，相信工艺不是一成不变的，随着科技进步、工艺装备水平的提高，工艺也需要创新。"

焕然一新的工装

2019年，公司接到了一个60辆特种车辆的订单，工期却只有一个多月。这种新车型的中梁鱼腹加宽结构与原有车型中梁抽鱼腹结构完全不同。

关于这个订单的制作计划，公司内部有两种意见，一种是接宽部位，按尺寸全部切掉，再用一根新的按尺寸塞上，优点是省工，加工简便，生产周期短，但这一方案特别浪费材料。另一种是将中梁鱼腹接宽部位切开，中间接塞板，保证宽度尺寸，优点是可以节省成本，但加工工序多，用工多，生产周期长。

两种意见一直相持不下，后来公司领导经过综合考虑，决定采用第二种方案。

不过由于结构不同，原有工艺装备不能使用，只能进行手工煨制。手工组对质量较差，费工、费时、费力，两个角度弯曲过渡煨制后，尺寸、角度公差达不到质量要求。而且组装间隙较大，导致下一道工序焊接质量差、产生的焊接变形较大，使调梁工序工作时间加长，这一度成为公司新造车制造的瓶颈。

公司领导眼看这样下去不行，只能下达死命令："不能小作坊生产，必须制作工装，保证日产计划。"

这样的要求让工人们苦不堪言。制作一个工装至少需要一周的时间，总工期却只有一个多月。这显然是一个极难完成的任务。而制备车间是全部生产线的第一道工序，耽误时间势必延长总工期，不能按合同交付车辆。于是这个攻关的重任又落到了刘志彬的肩上。

跟时间赛跑，需要严谨的事前准备与筹划，工装制作必须一次成功。丰富的经验使刘志彬早已将中梁的设计要求熟记于心，通过逆向思维考量各个环节的装置，他利用一个晚上就将中梁工装设计了出来。第二天，他就急忙到工厂和工友们开始制作，并一次性试验成功！

Z型型钢长13.9米，属于长大结构，制作整体工装占用空间较大。根据其结构特点，刘志彬考虑两侧同时操作、多品种以及产品完成后易于存放等因素，制作了长3米左右对称的两个工装。不仅减小了空间占有，也便于两侧同时操作，缩短了一半组对时间。而这组工装还考虑到了操作员工的体位需求，将平台操作高度确定为550毫米，大大减少了不必要的弯腰动作，更加便于操作。另外，根据现场安全操作考虑，加装了防滑地板。

然而，这样细致贴心的设计，并没有如预想的那样得到工人们的认可。按照刘志彬制定的操作规范，工人们需要记下多个尺寸，频繁地拧螺丝、上卡位固定钢板，这使工人们怨声载道。他们认为程序过于烦琐，不如人工组装来得简便。而且由于不熟悉工装的使用，工人们工作的前两天常常需要加班干活儿。

很多人都坚持不下去，不知道这样的日子什么时候是个头。但是刘志彬站出来给大家吃了一颗定心丸，他跟大家说："我们都给彼此一个机会，再试两天看看？"

果然，到了第三天，工人们越用越顺手，生产效率有了大幅提升，不仅实现了公司日产4辆车的计划，并且不需要加班加点，每天都可以正点下班。

"刘师傅，这个工装真好用！"

曾经那些抱怨的工人们也都过来感谢刘志彬。

工装制作成功，保证了质量要求和组装质量，满足了下一道工序的质量要求，节省了下一道工序翼板变形的调整时间。车间的产量也由原来日产1辆车提升到日产4辆车，生产效率足足提高了4倍。并且减少了人工，60辆车的制作总共减少了120人的用工。依照这一方案，中梁的制作成本节省了100万元。

"创新是永恒的。只有不断创新才能让生产效率和质量持续提升。"这几年的工作让刘志彬体会到，质量和效率并不矛盾，只要不断改进方法，就能够在保证产品质量的同时提高生产效率。

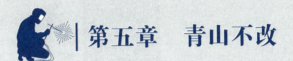

第五章　青山不改

扫码解锁

◎群英颂歌◎焊就不凡
◎精艺传承◎奋斗底色

传道授业解惑

　　刘志彬的徒弟杨娅博在2021年河北省职业技能大赛石家庄赛区焊工选拔赛中，取得了石家庄市个人第一名的好成绩，并且代表石家庄市参加全省的决赛。

　　其实早在5年前，他还对电焊这项工作缺少了解，干活怎么也提不起劲来，但幸运的是，他遇到了刘志彬师傅。

　　杨娅博之前对刘志彬的印象只停留在他的一堆头衔上：员工技能提升、技能鉴定、人员转岗以及新焊接工艺方法推广应用等培训班的培训师和指导老师，国家技能鉴定高级考评员，公司优秀提案评选专家，技师、高级技师评审组专家评委，石家庄铁道大学研究生实践基地指导教师，石家庄理工职业学院政治老师……

　　直到他真的在焊工培训中见到刘志彬师傅，他才明白，这么多的头衔不是白得来的。

　　刘志彬师傅不仅讲理论、传授技能，还讲做人、讲正气。他在传授技能时用通俗的语言代替专业术语，说话浅显易懂。并且他把操作中的感觉和手法，通过数据、体能极限和空间位置清清楚楚地说出来，不仅让学员明白道理，同时做到操作有数据、极限有比较、空间有参照，让每个学员都能尽快掌握焊接这门技术。杨娅博在这段时间的学习中体会到了焊接的妙处，这项工作原来没有他想象的那么枯燥。

刘志彬师傅还是一个坦率的人，对学员们都很热情，有时只是在厂区转上两圈，就会有不少人上前主动和他打招呼。

"师傅，吃饭了吗？"

"师傅，有个问题，您啥时候方便我去找您请教一下？"

"师傅，您昨天教我的焊接姿势太实用了，我成功了！"

面对真诚热情的学员们，刘志彬知无不言、言无不尽，虽然他们犯错误的时候，刘志彬也会很严厉地指出他们的问题，但是大家都很信服他所说的话。他们从刘志彬师傅身上不仅能学到知识，更能学到许多做人做事的道理。杨娅博看着这些围在刘志彬师傅身边的人，暗暗下定决心，自己也要追随刘志彬师傅的步伐，跟他好好学习焊接。

他把自己的想法说给刘志彬师傅听，刘志彬师傅笑笑没说话。

在最后一节培训课上，刘志彬给所有人分享了自己这些年来的从业经历，无论是那些创新的闪光点，还是在焊接领域坚持不懈的深耕，都深深感染着杨娅博。他突然意识到刘志彬师傅微笑

⊙ 刘志彬（第一排左三）与徒弟们去工作现场

背后的深意，自己想做的也许不仅仅是追随刘志彬师傅，或许焊接可以是他为之付出一辈子的事业。

刘志彬师傅最后感慨道，30多年的成长经历，从2000年入党至今，国家、省市、集团、公司党委、车间党支部、各级领导和公司各部门都给予了他大力的支持和帮助。公司多次安排他参加压力容器焊接培训、国际焊接技师培训等各种培训，在经费投入、工作环境和技术条件等方面，都给予大量帮助。他深知，是中国中车和公司这个大平台给了他锻炼和施展才能的机会，他也有责任把自己所学贡献给公司。他更希望自己可以把这份责任传递到在场的每个人心中，让他们都拥有属于自己的成就。

刘志彬师傅上面说的这段话在5年里不断激励着杨娅博，他跟随刘志彬师傅不仅仅是因为师傅的人格魅力，也是因为他有了自己想要实现的目标，想要做的传承。刘志彬师傅不仅仅传授了他技术，更为他树立了人生的理想、信念。

因材施教

近几年，刘志彬在自学心理学，关于电焊技术之外的知识也多有涉猎。着迷于心理学是因为刘志彬发现焊接技术的稳定性和每个人的脾气性格甚至是心情都有密切的关系，他回想自己几十年来焊接操作的情形，自己的心越静，那么这个焊缝就会越光滑，每条焊缝里浇筑的都是焊工的丝丝心绪，焊缝就是焊工心情的晴雨表。

刘志彬意识到这可能直接影响产品的质量，所以他在教学的过程中，会更注重因材施教，帮助每一个人不断突破自己。

每次接到领导交给他的培训任务，刘志彬都会首先与学员们进行交流，熟知每位学员的性格。比如，哪些人比较聪明、动手能力强，哪些人头脑转得有点慢、不易上手。他结合学员们的性格特点，分开上课，因材施教。

钢架车间有位姓李的老职工，是从其他车间转岗做焊工的。相对于那些刚学焊接的人而言，他多了一些经验的束缚，少了一点天赋，人就没有那么灵活，其实不大适合做手艺活儿，经过公司几轮培训都无法顺利上手工作。公司领导也头疼得紧，思来想去还是将这位员工的培训工作交给了刘志彬。

交给刘志彬，是公司领导最愿意做的事，因为交到他手里的活儿，就没有不圆满完成的。交给刘志彬，也是公司领导最不愿意做的事，因为到了需要刘志彬出手的时候，说明这个问题非常严峻。

这位李姓学员，由于常年的大电流焊接操作，已经形成了肌肉记忆，试了几次还是无法通过听声音、看熔池等方法判断焊接电流的大小。聪明的学员在这期间会有一个反复期，他们上手快，学习期间会不断地调整电流大小进行尝试，这对焊工来说是非常关键的一步。刘志彬深刻地明白这个道理。他思来想去，决定直接给李姓学员设定好电流，让他根据所在岗位需要生产的产品，上手尝试，如果焊接动作慢，刘志彬就握着他的手，让他慢慢地在火花中找感觉。几次培训下来，李姓学员牢记刘志彬给他设定的电流数值及焊接速度，自此，终于可以慢慢接手一些生产的工作了。

此后，他始终称刘志彬为师傅，逢人就希望转达他对刘志彬的问候。

刘志彬这套因材施教的方法使他培养出来的人才个个技术过硬。他根据每个人的天赋秉性施教，不仅把听、看、稳、准的焊接判断技巧教给他们，还在提高技能的同时，培养他们说、教的沟通能力。几年来，他累计培训一万多人次，培训学员合格率在90%以上。经他培训过的学员，有几十人成了河北省、中国中车及其子公司的技能专家。

王立新、蒋建春等成了公司的技能专家；马振锋、杨永春、李强等获得了河北省突出贡献技师、河北省"技术能手"称号；李强获得了河北省能工巧匠、石家庄"金牌工人"称号……每每想起自己的徒弟们，刘志彬的幸福感便溢于言表。

人活一世，重在留痕。这些传承了技术的徒弟们能够取得如此出色的成绩，刘志彬也深切地感受到自己的存在极具价值。

毛笔中的力道

刘志彬其实对于书法不太感兴趣，但是他的书架上却放着一卷卷的毛笔字。

他对于自己的徒弟也是这样要求的，不需要写得多么专业，但是要不停地练习，寻找一种运笔的感觉。

这是刘志彬在多年焊接生涯中悟到的。

学习书法，就是学一个笔触。感受书写时笔与纸的接触，字折锋处对于笔力的体会，运动笔尖时纸张带来的阻力。

这些感受，刘志彬全都在焊接时体会过。作为焊工，工作时要先稳住一口气，然后起弧、下压，接着往下焊……这时，那个写毛笔字的身影与焊工的身影慢慢重合，最终化为实体，在钢铁上留下一道道优美的弧线。

体会过这个感受的刘志彬就开始用一种极端的办法练习书法，他年轻时看过有人搞负重跑锻炼身体素质，于是他决定搞一个负重练字，来增强胳膊的力度。在日复一日的练习中，刘志彬把自己练成了技术标兵，练成了徒弟们的师傅，将自己走过的路传授给他们。

时间再次回到2020年11月24日，刘志彬在人民大会堂里，等待接受全国劳动模范的表彰。他忍不住想起自己童年时期背诵的毛主席的几篇文章——《纪念白求恩》《为人民服务》《愚公移山》，这几篇文章深刻地影响着他的人生选择。

刘志彬在自己的生活和工作中时时检视自己、反思自己，对工作始终怀有热忱，坚持在自己的领域深耕细作，不断突破创新，最终作出一番成就。

他想，这一荣誉既是对他过去多年工作的总结，也是开启他新的创新之路的钥匙。他的人生已经与钢铁、焊接紧紧绑在一起，并拥有了属于自己的火花。

⊙ 2020年11月24日，刘志彬在全国劳动模范和先进工作者表彰大会现场

扫码解锁

◎群英颂歌◎焊就不凡
◎精艺传承◎奋斗底色